한국
정치
새로고침

한국정치 새로고침

초판 1쇄 발행 2023년 11월 15일

지음. 전용기
펴냄. 김태영

씽크스마트 책 짓는 집
경기도 고양시 덕양구 청초로66
덕은리버워크 지식산업센터 B-1403호
전화. 02-323-5609

홈페이지. www.tsbook.co.kr
블로그. blog.naver.com/ts0651
페이스북. @official.thinksmart
인스타그램. @thinksmart.official
이메일. thinksmart@kakao.com

ISBN 978-89-6529-378-1 (03340)
© 2023 전용기

•씽크스마트 - 더 큰 생각으로 통하는 길
'더 큰 생각으로 통하는 길' 위에서 삶의 지혜를 모아 '인문교양, 자기계발, 자녀교육, 어린이 교양·학습, 정치사회, 취미생활' 등 다양한 분야의 도서를 출간합니다. 바람직한 교육관을 세우고 나다움의 힘을 기르며, 세상에서 소외된 부분을 바라봅니다. 첫 원고부터 책의 완성까지 늘 시대를 읽는 기획으로 책을 만들어, 넓고 깊은 생각으로 세상을 살아갈 수 있는 힘을 드리고자 합니다.

•도서출판 큐 - 더 쓸모 있는 책을 만나다
도서출판 큐는 울퉁불퉁한 현실에서 만나는 다양한 질문과 고민에 답하고자 만든 실용교양 임프린트입니다. 새로운 작가와 독자를 개척하며, 변화하는 세상 속에서 책의 쓸모를 키워갑니다. 흥겹게 춤추듯 시대의 변화에 맞는 '더 쓸모 있는 책'을 만들겠습니다.

•천개의마을학교 - 대안적 삶과 교육을 지향하는 마을학교
당신은 지금 무엇을 배우고 싶나요? 살면서 나누고 배우고 익히는 취향과 경험을 팝니다. 〈천개의마을학교〉에서는 누구에게나 학습과 출판의 기회가 있습니다. 배운 것을 나누며 만들어진 결과물을 책으로 엮어 세상에 내놓습니다.

자신만의 생각이나 이야기를 펼치고 싶은 당신.
책으로 사람들에게 전하고 싶은 아이디어나 원고를 메일(thinksmart@kakao.com)로 보내주세요.
씽크스마트는 당신의 소중한 원고를 기다리고 있습니다.

한국
정치
새로고침

전 용 기 지 음

3(삶)을 바꿔라!

대한민국이 위험하다

최악의 불평등과 빈부격차가 만연한 사회. 돈과 권력, 사회적 성공만이 정답이고 실패하면 나락으로 떨어진다고 믿는 사회.

이런 사회에서는 모두가 지칠 수밖에 없다. 극도의 스트레스로 날이 서 있는 게 당연하다. 특히 청년세대의 분노와 절망은 위험수위를 넘은 지 오래다. 전쟁 중인 국가들보다 출생률이 낮은데 자살율을 비롯한 사회적 스트레스 지수는 OECD 부동의 최상위권을 유지하고 있다.

이제 인정하자. 이대로는 안 된다.

대한민국은 어쩌다 이렇게 되었을까?

근본적인 원인이 무엇일까? 어지럽고 혼란스러운 현상의 이면에 숨겨진 핵심과 본질은 과연 무엇일까? 많은 학자들과 식자들이 나름의 분석과 설명을 내놓았다. 현상의 원인을 분석하고 대안을 제시하는 책과 논문, 강연, 방송, 유튜브가 넘쳐난다. 답을 찾기 위해 공부도 해보고 사람들을 만나서 이야기를 나누었다. 나도 청년이기 때문에 제3자가 아닌 당사자의 눈으로 청년 문제를 치열하게 모색할 수 있었다.

그렇게 해서 찾아낸 진짜 이유, 근본 원인을 요약하면 다음과 같다.

첫째, 비대해진 기득권과 초라해진 국민들,
    그리고 그 결과로 심화된 빈부격차
둘째, 교육의 후진성과 비민주성, 비인간성,
    그 밑바탕에 깔린 과도한 능력주의와 승자독식
셋째, 낡은 이념과 획일화에 매몰된 기득권 정치

세 가지 모두 무겁고 까다롭다. 현 시대를 관통하는 거대한 문제들이기 때문이다. 하지만 해결하기 힘들다고 해서, 답이 안 보인다고 해서 문제를 외면하면 안 된다. 그때그때 즉흥적으로 이뤄지는 치료, 병의 원인은 어쩌지 못하고 증상만 덜어주는 치료로는 아무것도 해결되지 않는다.

이런 현실을 그대로 두고 볼 것인가?

문제의식은 모두가 갖고 있다. 모두가 나름의 해법을 내놓고 있다. 그중에서도 가장 뚜렷한 흐름, 즉 대세는 공정과 정의를 외치는 것이다. 공정과 정의는 몇 년 전부터 언론과 정부, 학계와 출판계, SNS와 유튜브 등에서 가장 중요한 화두가 되어 왔다. 마이클 샌델의 〈정의란 무엇인가?〉와 같은 어려운 인문학 서적이 베스트셀러가 된 것만 봐도 알 수 있다.

특히 청년세대는 문제해결의 핵심을 정의와 공정이라고 생각한다. 직장 내에서는 성과급 분배를 공정하게 해 달라고 요구하며, 채용 과정의 공정성은 누구라도 지켜야 할 가치가 되었다.

신입사원인 나와 부장님의 성과급이 다른 이유가 뭐냐고 따졌던 이유가 여기에 있다.

기성세대는 '요즘 애들'이 작은 손해도 보지 않으려고 한다고 혀를 찬다. 이기적이라는 소리다. 하지만 청년세대가 아주 어렸을 때부터 극심한 경쟁에 시달려 왔다는 사실은 모른척한다. 밀리면 죽는다. 부모찬스가 없다면 최소한 공정하게라도 해 달라. 이러한 요구를 청년세대에게 깊이 내면화시킨 게 바로 자신들이라는 사실을 너무 쉽게 잊곤 한다.

즉 청년세대가 공정에 집착하게 된 이유는 제멋대로이거나 철이 없어서가 아니라, 오히려 어른들의 말을 너무 잘 따랐기 때문이다. 기성세대가 만든 교육 시스템과 사회구조에 순응해서 열심히 노력한 청년들이 더 크게 분노하는 게 당연하지 않은가?

그러면 어떻게 해야 할까?

앞에서 말한 세 가지를 우선적으로 혁신해야 한다. 첫째, 철옹성 같은 기득권을 해체하고 모두가 기회를 누릴 수 있어야 한다. 둘째, 인공지능 시대를 맞이하여 창의력과 재능을 극대화하는 교육을 실시해야 한다. 셋째, 청년 정치를 복구해야 한다. 청년이 들러리나 '얼굴마담'이 아니라 정치의 주체가 되어야 한다.

이 세 가지를 좀 더 구체적으로 살펴보면 다음과 같다.

첫째, 일한 만큼 공정하게 보상받는 체계를 만들어야 한다.
열심히 사는 사람이 존중받는 사회가 되어야 한다. 노동이 희화화되는 사회에서는 인간이 소외된다. 사회의 주인이 사람이 아니라 돈이 된다. 그런 사회에서는 대부분의 구성원들이 희망을 잃고 한탕주의에 빠져 타락의 길을 걸을 수 있다.

둘째, 교육과 사회가 선순환되어야 한다.
사회의 타락이 교육의 붕괴를 촉발시키고 교육의 몰락이 사회의 해체를 가속화시키는 악순환의 고리를 끊어야 한다. 교육문제는 교육 제도의 개혁만으로는 절대로 해결할 수 없다. 지금처럼 학벌주의와 능력주의가 판치는 사회에서는 아무리 제도를 바꿔도 교육을 정상화시킬 수 없다는 뜻이다.
닭이 먼저냐 달걀이 먼저냐를 따지지 말고 사회개혁과 교육개혁을 동시에 추진해야 한다. 교육이 바로 서야 올바른 가치가 살아 있는 사회, 정직하고 성실한 사람이 성공하는 사회를 만들 수 있다.

셋째, 실종된 정치를 되찾아야 한다.

정치는 투쟁이다. 싸우는 게 당연하다. 문제는 싸우는 이유다. 정치가 아니라 국민을 위해서 싸워야 한다. 우리 편은 무조건 옳고 상대방은 무조건 그르다는 패거리 정치를 끝내고 민생과 미래를 위한 실용정치를 시작해야 한다.

그리고 청년 정치를 제대로 시작해야 한다. 청년의 수는 유권자의 3분의 1이나 되지만, 청년 국회의원은 30분의 1밖에 안 되는 현실을 고쳐야 한다. 우리가 살아갈 미래를 우리 손으로 선택해야 한다.

이러한 개혁은 저절로 이뤄지지 않는다. 누가 입에 떠먹여주지도 않는다. 호랑이처럼 용감하게, 여우처럼 현명하게 싸워야 한다.

이를 위해서는 다음의 세 가지가 필수적이다.

첫째, 낡은 판을 뒤집어야 한다.

똑바로 보는 건 시작에 불과하다. 중요한 건 실천이다. 모든 일이 그러하듯 분석보다 통찰이, 지식보다 지혜가, 인식보다 실천이 중요하다.

침몰하는 배를 구하는 방법은 하나뿐이다. 선체에 뚫린 구멍을 막는 것! 커다란 구멍이 세 개나 뚫린 배는 아무리 열심히 노를 저어도 가라앉을 수밖에 없다.

구멍 뚫린 부분은 수면 아래에 있어서 잘 보이지 않는다. 그래서 눈을 돌리고 외면하기 쉽다.

하지만 외면하면 죽는다. 배의 구멍을 막고 물을 퍼내는 것, 해야 할 일은 반드시 하는 것, 그런 정공법만이 유일한 해결 방법이다. 배가 너무 가라앉아서 손 쓸 수 없게 되기 전에, 골든타임이 지나기 전에 움직여야 한다.

둘째, 낡은 이념정치에서 벗어나야 한다.

아직도 이념에 사로잡혀 있는 사람이 너무 많다. 그들은 자신이 이념을 가지고 있다고 생각하겠지만 실제로는 이념이 그들의 정신을 소유하고 있는 것이다.

이념의 정치는 색안경에 불과하다. 세상 모든 것을 한 가지 색으로만 보이게 만든다. 이념은 독재자의 총이고 기득권의 칼이다. 무능한 위정자의 방패다. 북한도 중국도 공산주의라는 이념을 이용해서 국민을 통제하고 있다. 미국은 자유주의라는 이념 때문에, 그리고 이미 늦었다는 이유 때문에 수많은 사람들이 총기난사로 죽어가는 와중에도 최소한의 규제조차 못하고 있다. 이와 같이 이념만을 앞세우면 인간은 뒤처진다. 이념의 가면을 벗어던지고 인간의 얼굴로 대화해야 한다.

특히 정치가 그렇다. 한국 정치가 살려면 오래된 낡은 이념주의는 타파해야 한다. 그것도 수십 년 전에 베를린 장벽이 무너질 때 순장(殉葬)되었어야 한다.

우리가 믿어야 할 이념은 오직 단 하나! 먹고사니즘뿐이다. 실용의 정치, 생활의 정치로 돌아가야 한다. 저주받은 적대적 낡은 이념의 굿판을 걷어치우자.

셋째, 선택과 집중을 해야 한다.

우선순위를 정해야 한다. 토론을 통해 가장 중요한 세 가지를 정하자. 차이가 아니라 공통점에 집중하여 공동의 목표를 설정하자. 그리고 거기에 집중하자. 도사견처럼 꽉 물고 절대로 놓지 말자. 그 세 가지가 해결되기 전까지는 아무것도 생각하지 말자. 선택과 집중만이 문제를 해결할 수 있다. 그렇게 세 가지가 해결되면 다음 세 가지를 정하자. 그리고 똑같이 밀어붙이자. 그게 해결되면 또 세 가지를 정하자. 세상을 바꿔야 내 삶도 바뀐다.

우리는 할 수 있다.

청년들이 스스로 만들어 가는 미래

청년이 정치의 주체가 되어야 한다. 단순히 젊음만을 앞세우는 건 곤란하다. 현재의 정치적 판단으로 미래에 좋은 영향을 주는 대안적 주체가 되어야 한다. 정치와 미래는 모두의 것이기 때문에 무엇보다 다양성이 담보되어야 하고, 미래를 위해 더욱 청년이 정치의 중심이 되어야 한다. 스코틀랜드 독립투표나 브렉시트 투표는 미래세대가 아닌 기성세대의 뜻대로 결정되었고, 그 피해는 젊은 세대가 고스란히 떠안고 있다. 일본과 중국의 청년들도 양상은 다르지만 같은 이유로 고통받고 있는 것도 이 주장이 필요한 이유 중 하나다.

그러나 현재의 제도 하에서는 청년 정치인이 대거 등장하기 힘들다. 청소년들과 청년들이 일찍부터 정치를 시작할 수 있게 법과 제도와 교육이 이뤄져야 한다. 또한, 토론 교육이 시급하다. 인공지능 시대를 살아갈 창의적 인재 양성을 위해서도 필수적이다. 공교육은 몰락했고 사교육은 비대해져서 국가와 국민에게 부담을 주고 있다. 학부모는 불안하고 교사들은 절규하고 학생들은 절망하고 있다. 대체 언제까지

"가만히 있으라."고 할 셈인가?

모든 청년들이 일상을 버리고 투쟁할 필요는 없다. 다만 항상 관심을 가지고 지켜볼 필요는 있다. 열심히 투표하면 된다. 그렇게 딱 10년만 하면 된다. 정치가들과 기득권을 놀라게 하고 두렵게 하자. 그것만으로도 세상은 엄청나게 바뀔 것이다. 청년들이 스스로 미래를 만들어 가겠다고 선언하자. 깨어 있는 청년들의 조직된 힘으로 미래를 선택하자. 내 미래를 스스로 선택하는 것, 그것이 바로 자유다. 자유의 진짜 의미는 운명에의 의지다. 힘 있는 자가 마음대로 해먹는 걸 합리화하기 위해 써먹는 단어가 아니다.

청년을 위한 나라는 없다

모두가 정의와 공정을 원한다. 그러나 정의와 공정은 감정적이거나 추상적인 수준에서 이뤄지지 않는다. 구호를 외치고 강연을 하고 교육을 한다고 해서 이뤄지는 게 아니다. 경제적인 토대와 사회구조가 바뀌어야 한다. 정의와 공정은 혁신의 결과일 뿐이다. 본질을 직시하고 근본을 바꿔야 한다.

지금까지 우리는 근본이 아니라 말단에, 원인이 아니라 결과에 초점을 맞춰 왔다. 나무가 죽어가는데 뿌리는 버려두고 잎사귀와 열매만 치료하는 격이다. 기후변화를 해결해야 하는데 공장과 자동차가 내뿜는 탄소가 아니라 기온만 낮추려고 한다면 그게 되겠는가? 문제 자체가 아니라 문제의 원인을 찾아내야 한다. 문제를 해결하는 것도 중요하지만 문제를 양산하는 사회구조와 시스템 자체를 바꾸는 게 훨씬 더 중요하다. 그래야 비슷한 문제가 재발하지 않기 때문이다.

남이 바꿔 주기를 바라거나 나 혼자만 잘 살면 된다고 생각하면 아무것도 바뀌지 않는다. 우리 스스로가 변화의 주체가 되어야 한다. 소위 586이라고 불리는 세대들은 청년 시절에 그걸 해냈고, 끝내 세상을 바꾸었다. 그들이 실패했다면 어떻게 되었을까? 일부 후진국들처럼 쿠데타와 유혈사태가 반복되는 나라, 정치 후진국이 되지 않았을까? 만약 그렇게 되었다면 경제발전은 몰라도 한류는 없었을 것이다. 자유로운 상상력이야말로 한류의 토양이기 때문이다.

지금의 청년세대도 〈촛불혁명〉으로 정권을 바꾸었다. 비록 그 이후의 세상이 충분히 아름답진 못했지만, 적어도 모두의 힘으로 세상을 바꾼 것만은 분명하다. 그 사실만으로도 일본의 사토리 세대와 중국의 탕핑족들보다 백 배는 훌륭하다. 잠재력이 충분하다.

이제는 구체적이고 실용적인 변화가 이뤄져야 한다. 혁명도 필요하고 개혁도 필요하다. 거대한 변화와 디테일한 개선이 동시에 이뤄져야 한다. 물론 앞에서 말했듯이 우선순위는 필요하다. 전부 다 하겠다는 말은 아무것도 안 하겠다는 말과 같다.

이 책은 그 방법에 대한 이야기를 해보고자 한다. 정답은 아니지만 변화를 위한 팜플렛, 낡은 판을 뒤집어 내 삶(3)을 바꾸기 위한 설명서, 더 나은 세상을 미리 보여주는 카탈로그가 되어보고자 한다.

더 이상 앉아서 고민하지 말자. 발로 뛰며 토론하고 주먹을 휘두르며 공부하자. 청년을 위한 나라는 없다. 우리가 만들어야 한다.

목차

3장 대한민국 정치 리부트를 시작하라

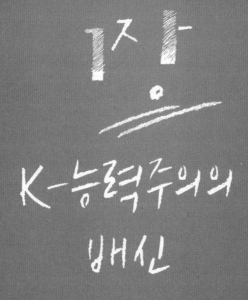

1장

K-능력주의의
배신

청년이여
분노하라!

우크라이나처럼 전쟁 중인 나라도 출생률이 최소 1을 넘는다. 그러나 대한민국은 0.8도 안 된다. 독보적인 세계 꼴찌다. 그나마 이것도 2022년 통계고, 2023년에는 0.6명대가 될 것이 유력하다고 한다.

이 결과를 두고 "대한민국은 전쟁 중인 나라들보다 더 지옥 같은 나라다!"라고 목소리를 높이는 사람들이 있는데, 나는 그건 아니라고 본다. 대한민국의 객관적 생활환경은 선진국들과 비교해도 크게 뒤지지 않기 때문이다. 생활의 편의성이나 물가, 치안 등을 종합적으로 고려하면 더욱 그렇다.

전쟁 중이거나 전쟁에 준하는 극한 상황에 처해 있는 나라들보다 대한민국의 출생률이 낮은 것은, 더도 말고 덜도 말고 "대한민국에서 사는 것이 전쟁통에 사는 것과 같다."는 걸 뜻한다.

하지만 그것은 객관적인 환경일 뿐이다. 주관적인 느낌은 다르다. 전쟁 중인 나라들보다 출생률이 낮은 것은 "대한민국에서 사는 것이 전쟁통에 사는 것과 같다."고 느끼고 있다는 뜻이다.

지난 70년 동안 한국인들이 목표로 삼고 달려온 〈선진국〉이라는 나라는 어디에도 없었다. 코로나 팬데믹이 그것을 확실히 알려주었다.

대한민국 국민들은 물질적인 조건이 아니라 사회적·문화적·심리적 이유 때문에 연애를 거부하고, 결혼을 거부하고, 출산을 거부하고 있다.

사는 게 왜 이리 전쟁 같을까?

〈21세기 자본〉이라는 책으로 유명한 프랑스 경제학자 토마 피케티는 불평등을 측정하는 지수인 피케티 지수(베타지수)를 제시했다. 프랑스혁명 당시의 피케티 지수가 7.2였는데, 지금 대한민국의 피케티 지수는 9라고 한다. 우리나라 불평등 정도가 미국, 이스라엘 다음으로 높다는 통계도 있다.

이 정도로 불평들이 심한데도 왜 폭동이 일어나지 않을까? 그 이유를 중앙대 김누리 교수는 능력주의 때문이라고 진단했다. 불평등을 사회구조적인 문제로 보지 않고 자기의 문제로 보는 것, 즉 내가 잘못해서, 내가 더 잘하면 된다고 생각하는 것이다.

그러다 보니 불평등한 시스템이나 탐욕스런 기득권에게 분노하는 게 아니라 자기 자신에게 분노한다. 스스로를 자책하고 학대한다. 해소되지 않은 분노가 오프라인에서는 약자에게 갑질의 형태로 나타나고, 온라인에서는 악플과 혐오, 조리돌림, 마녀사냥의 형태로 나타나고 있다.

이러한 사회병리적 현상이 저출생 문제의 주요한 원인이 되고 있다.

물론 수도권 집중과 과밀화로 인한 부동산 문제, 문제가 너무 많아서 문제인 교육 문제 등도 중요하다. 그러나 이 모든 객관적·물질적 조건만큼이나 심리적인 문제도 크다고 생각한다. 감정은 우리가 생각하는 것보다 훨씬 중요하고 강력하기 때문이다.

도대체 왜 이렇게 마음이 병든 걸까?

"대부분의 한국인이 당연하게 받아들이고 있는 〈K-능력주의〉!"

다시 말하지만 나는 이것이 근본적인 이유라고 생각한다.

능력에 따라 차별받는 게 당연하다는 생각이 모두의 머릿속에 너무나도 강력하게 뿌리내리고 있어서, 후안무치할 정도의 승자독식과 세계 최고 수준의 자산·소득 양극화에 대한 문제의식조차 거의 없다.

능력주의는 자본과 기득권의 세뇌의 잔재다. 세뇌에서 벗어나는 것은 힘들고 고통스럽지만 결코 불가능하지 않다. 그리고 세뇌에서 벗어나는 순간 훨씬 더 나은 삶을 살 수 있다.

진실은 언제나 고통스럽다. 그래서 받아들이기 힘들다. 세상이라는 이름의 매트릭스를 설계한 자들은 기발하고 교묘한 방법으로 우리의 눈과 귀를 가린다. 우리의 관심을 돌리고 우리끼리 싸우게 만든다.

하지만 진정한 자유와 행복을 위해서는 근본적인 문제들을 직시해야 한다. 그리고 같은 목표를 위해 어깨동무를 하고 연대해 나가야 한다. 방법은 오직 그것뿐이다.

그러니 대한민국 청년들이여,
함께 분노하자!

K-능력주의와
갑질사회

　도대체 능력주의란 무엇인가? 간단하다. 능력에 따라 대우한다는 뜻이다. 능력에 따라 줄세우기를 하겠다는 것이다. 능력이 서열이 되고 서열이 보상의 기준이 되는 것이다.

　겉보기엔 공정해 보인다. 하지만 앞에서도 말했듯이 실제로는 그렇지 않다. 개인의 능력과 그 능력을 얻기까지의 과정에는 수많은 외부 요소들이 작용하기 때문이다.

　슬럼가에서 태어난 아이와 상류층 가정에서 태어난 아이는 완전히 다른 인생을 살 수밖에 없다, 멀리 갈 것도 없이 북한에서 태어난 아이와 남한에서 태어난 아이를 비교해 봐도, 강남 출신 학생들의 명문대 진학률이 전국 평균보다 현저하게 높은 것만 봐도 쉽게 알 수 있다.

　한 마디로 "나는 내 노력만으로 성공했다."라는 말은 처음부터 불가능하다는 말이다. 부모의 재력과 운, 사회 환경 등이 뒷받침되지 않으면 노력조차 할 수 없다는 말까지 나오는 것이 현실이다.

"개인이 열심히 노력해서 능력을 얻었고 그 능력으로 돈과 특권을 얻었으니 존중받아야 한다."는 능력주의의 명제가 오래 전부터 비판받아온 이유가 여기에 있다. 현실과 동떨어져 있을 뿐만 아니라 현실을 호도하여 기득권과 특권을 정당화하기 때문이다. 능력주의가 당연하고 정당해 보이지만 실제로는 그렇지 않은 이유가 여기에 있다.

선진국들은 이러한 능력주의의 맹점과 문제점을 인식하고 능력주의의 허상을 제거해 왔다. 그러나 유독 대한민국에서는 능력주의가 아무런 의심 없이 신봉되어 왔다. 우리나라 사람들이 능력주의를 옳다고 생각하는 정도는 다른 나라들의 몇 배나 높다. 〈K-능력주의〉라고 불러도 조금도 어색하지 않을 정도다.

심지어 운도 실력이라고 말하는 사람도 많다. 능력주의의 불합리성까지 개인의 문제로 돌려버리는 것이다.

이렇다 보니 모든 곳에서 '급'을 나누는 것이 당연시되고 있다. 자동차 배기량으로 사람의 급을 나누고, 사는 동네와 아파트 브랜드로 급을 나눈다. 얼마 전, 압구정동 신축 아파트가 각 동마다 프랑스식 이름을 붙여서 빈축을 샀다.

한국인들의 등급 나누기는 우리 자신에게만 국한되지 않는다. 외국도 줄을 세운다. 기준은 얼마나 잘 사는가, 즉 GDP다. GDP가 높은 국가와 국민들은 우러러보고 낮은 국가는 내려다본다. 그래서 "한국은 인종차별이 아니라 GDP 차별을 한다."라는 말도 있다.

사실 이런 '등급 나누기'가 외국에 아예 없는 건 아니다. 그러나 외국의 경우 난민이나 빈민, 인종적 소수자와 같은 사회적 약자들을 배제하고 차별하기 위해 이용되곤 한다.

그러나 한국인들은 거의 모든 것에 등급을 설정하고 자신의 등급을 파악한 다음, 그에 걸맞은 역할과 행동을 '알아서' 수행한다. 무서울 정도로 철저한 등급주의가 내면화되어 있는 것이다. 그래서 우리가 유별나다는 것도 잘 인식하지 못한다.

대여섯 살짜리 꼬마들조차 서로에게 "너 몇 살이야?"라고 외친다. 그렇게 해서 나이를 알게 되면 그게 자연스럽게 서열이 되어버린다. 나이라는 등급으로 사람을 나누고, 등급이 높은 쪽이 등급이 낮은 쪽을 자연스럽게 하대하는 것이다. 등급이 높은 쪽도, 낮은 쪽도 당연하게 받아들인다.

일본도 중국도 이 정도는 아니다. 서구권은 물론이고 일본·중국에서 온 유학생들조차 이런 K-등급제를 신기하게 생각한다. 그리고 한국어 자체가 매우 등급적인(?) 언어라는 걸 알고 놀란다.

상대방의 등급이 얼마나 높은지에 따라 말투가 바뀐다. 극존칭·극존대부터 시작해서 존대, 반존대, 평서문, 하대(下待) 등으로 철저히 구분되어 있다. 심지어 압존법까지 존재한다. 일을 못하는 부하직원은 용서받아도 예의 없는 직원은 용서받지 못한다. "인간이 덜 되었다, 즉 인간으로서 미성숙하다"고 보기 때문이다.

언어를 등급화(?)하는 건 사람을 등급화하는 것에 비하면 별 것 아니다. 우리는 그래픽카드에 등급을 매기듯이 사람을 등급화하고 서열화한다.

실제로 우리는 "스펙(spec)"이라는 말을 아무렇지도 않게 쓰고 있다. 스펙은 기계나 제품의 제원(諸元, specification)을 뜻한다. 사전에서 제원을 찾아보면 "기계의 치수·무게 등 성능·특징을 나타낸 수치적 지표"라고 되어 있다. 19세기 산업혁명 때도 사람을 기계로 보진 않았다.

이런 상황이니 어쩌면 대학을 서열화하는 게 당연한 것일지 모른다. 공부 잘하는 학생은 일진 짓을 하고 '학폭'을 일으켜도 쉬쉬하고, 출신 대학의 '등급'이 그 사람의 '신분'이 되는 현실을 당연하게 여기는 게 당연하다는 식이다.

"썸남이 '지잡대'를 나왔는데 나는 인서울 출신이다. 그래서 심각하게 고민 중이다."라는 말을 SNS나 커뮤니티에 아무렇지도 않게 올리고, 그걸 본 사람들이 비판은커녕 같이 고민하고 충고해준다.

땅콩회항 같은 갑질에는 분노하지만 〈갑질사회〉에 살고 있다는 생각은 못 한다. 등급에서 서열이 나오고 서열에서 차별이 나오며, 차별에서 한 걸음만 더 나가도 갑질이 된다는 생각을 못 하는 게 당연하다.

우리 사회에서 당연시되는 이 수많은 현상들이 당연하지 않게 되려면 앞으로 얼마나 많은 시간과 노력이 필요할까?

그렇다.
대한민국에 사는 걸 지옥 같이 힘들게 만들고,
전쟁 중인 국가보다 출생률이 떨어지게 만든 것,
지방은 일자리가 없어서 힘들게 만들고,
수도권은 집이 없어서 힘들게 만든 것,

일하다 죽는 사람의 비율이 세계에서 가장 높은 나라로 만든 것,
자살율이 세계에서 가장 높은 나라로 만든 것,
평생 열심히 일해도 늙어서 가난으로 고통 받게 만든 것,

그것은 바로 우리 자신이었다.

K-능력주의를
뛰어넘어라!

더 이상 가만히 있을 수 없다. 대한민국의 사회적 모순과 갈등이 위험수위에 오른 지 오래니까.

얼마나 힘든지, 가능성이 얼마나 있는지 따위는 중요하지 않다. 중요한 건 꼭 해야 하는가 아닌가다. 반드시 해야 하는 일이라면 계란으로 바위치기라도 해야 한다.

방법은 하나뿐이다. 능력주의를 당장 없애진 못해도 완화시켜 나가는 것, 그것이 유일한 해법이다. 인간을 등급으로 나눠서 줄 세우고, 서열에 따라 차별하는 풍토를 없애는 유일한 방법이다.

누구나 대학에 갈 수 있고, 대학에 꼭 가지 않아도 충분히 먹고 살수 있게 해줌으로써 입시 경쟁을 완화시켜 줘야 한다. 극심한 경쟁 속에서는 대부분의 학생들이 자존감이 떨어질 수밖에 없다. 모두가 1등이 될 순 없기 때문이다.

과연 시험점수가 그 사람의 가치를 제대로 증명해줄 수 있을까? 물고기는 수영의 천재지만 등산에는 젬병이다. 학교 다닐 때는 낙제생 취급을 받다가 사회에서 능력을 꽃피우는 경우는 얼마든지 있다. 학벌과 돈, 강남 아파트로 획일화된 사회의 가치체계와 보상체계를 근본적으로 뜯어고쳐야 한다.

우리나라와 같은 무한 경쟁체제에서는 1등조차 항상 긴장할 수밖에 없다. 사정이 이렇다 보니 대부분의 청년들이 자존감을 채우기 위해 나보다 못한 친구들을 괴롭히곤 한다.

뭔가 특이한 점이 있거나 공부를 못하거나 몸이 약한 아이들은 '노력'을 하지 않은 패배자들이니 당해도 된다고 생각한다. 그래서 죄책감도 별로 없다. 이것이 K-학교폭력의 본질이다.

이와 같이 학교폭력의 근저에는 능력주의와 점수주의, 무한경쟁이라는 시스템의 문제도 깔려 있다. 물론 가해학생의 잘못이지만 개인의 문제로만 볼 수 없다는 뜻이다. 약자에 대한 갑질과 군대 내의 부조리, 간호사들의 태움, 대학이나 연예계의 기수 문화도 마찬가지다.

강남 등지의 일부 초등학생들이 등기부등본을 열람해서 전세 사는 '거지'를 '색출'해서 왕따시키는 것도, 사회적 약자를 '열심히 살지 않아서 저렇다'며 내려 보는 것도, 모두가 능력주의 때문이라고 본다. 열등한 존재는 제거되어야 한다는 파시즘의 망령이 어린 학생들까지 집어삼킨 것이다.

단순히 그들이 병들고 상처받은 영혼들이라서도 아니고, 그렇게

라도 자존감을 채우지 않으면 견딜 수 없는 불쌍한 사람들이라서도 아니다. 사회와 교육이 그들을 '어린 괴물'로 만든 것이다.

어른이 되어도 마찬가지다. 우리 교육은 그런 뒤틀린 심리를 바로잡아주지 않기 때문이다. 아니, 오히려 더 심해진다.

그렇게 어른이 된 아이들은 상대에 따라 태도를 바꾸는 것을 당연하게 생각한다. 나보다 강한 사람이나 조직이-예를 들어 재벌이나 검찰이-부당한 일을 해도 오히려 그들을 옹호하며 피해자를 조롱하고 비난한다. 패배하면 거세당하는 세상에서 살고 있기 때문에 필사적으로 강자의 편에 서려고 하는 것이다.

자식을 잃은 세월호 부모들 앞에서 보란 듯이 음식을 먹거나, 세월호 학생들을 어묵에 비유하거나, 이태원 참사 피해자들과 유가족들을 공격하는 등의 이해할 수 없는 행동의 밑바닥엔 이런 심리가 있다고 생각한다.

결국 그들 또한 피해자다. 사회와 국가도 피해자고 우리들도 피해자다. 어설픈 양비론이나 양시론이 아니다. 면죄부(면벌부)를 주려는 것도 아니다. 잘못된 것은 잘못된 것이다. 나야말로 그들의 행태에 강렬한 분노를 느꼈다. 내가 말하고 싶은 것은 모든 문제의 진짜 원인을 봐야 한다는 것이다.

그것은 바로 K-능력주의, 소위 한국식 능력주의다.

능력주의에 기초한 교육을 근본적으로 개혁해야 한다. 그래야 입시경쟁이 줄어들 것이고 경쟁이 줄어들어야 학생들과 청년들의 마음의 병이 치유될 것이다. 더불어 청년들의 마음이 회복되어야 나라가 살아날 것이다.

근본적인 원인을 찾아내서 뼈를 깎는 실천을 해나가야 한다.

그렇게 하지 않고 토닥여주기만 하는 힐링은 가짜 힐링이다.

기득권이 짜놓은
판을 엎어라!

당신 주변의 모든 것이 당신보다 똑똑하지 않은 사람들에
의해 만들어졌다. 당신은 그것을 바꿀 수 있고 영향을 끼칠
수 있으며, 다른 사람들도 사용할 수 있는 당신만의 무언가
를 만들어낼 수 있다.

- 스티브 잡스

대한민국 청년들은 "열심히 공부해서 좋은 대학 가서 대기업에
들어가거나 공무원, 공기업 직원이 되는 것이 성공한 삶이다."라는 기
성세대의 말을 철석같이 믿고 따랐다.

하지만 그 대가는 뭔가? 청년실업과 좌절감, 절망감, 열패감과 열
등감에 지친 청년들이 힘들어 하고 있다. 아이는 태어나지 않고 젊은
이들은 내일은 더 잘 될 것이라는 희망을 버린 지 오래다. 상당수의 노

년층이 빈곤에 허덕이고 있다.

더 이상 청년들을 갈라치지 마라. 네 노력이 부족해서 그런 거라고 세뇌하지 마라. 구조와 시스템의 문제다. 구조와 시스템을 설계하고 이득을 보는 기성세대의 문제다.

아무리 열심히 일해도 희망이 보이지 않는 '판'을 깔아놓고 약육강식의 레이스로 밀어 넣은 기득권 카르텔의 문제다. 결혼과 출산조차 포기하고 일할 의욕조차, 미래에 대한 희망조차 사라지게 만들어 놓고, 종국에는 땀 흘려 일할 기회조차 박탈시켜 놓고, 눈높이를 낮추면 된다고 뻔뻔스럽게 말하는 기득권 기성세대가 문제지, 그 판 위에 놓인 청년들만의 문제가 아니다.

상황이 이런데도 사회는 가만히 있으라고 한다. 브렉시트에 찬성한 영국 기성세대처럼, 독립투표에서 반대표를 던진 스코틀랜드 기성세대처럼, 무조건 자민당만 찍어대는 일본 기성세대처럼, 청년들의 미래는 안중에도 없다.

안 된다. 가만히 있으면 죽는다. "제발 그만해! 이러다 다 죽어!"라고 외쳐야 한다. 이제는 안 된다. 청년들이 나서야 한다. 청년이 주체가 되어야 한다.

기성세대의 실패, 이념정치의 실패를 지적하고 대안을 제시해야 한다. 기득권에게 과도하게 집중된 부와 권력을 재분배해야 한다. 철밥통을 깨야 한다. 수명을 다한 이념의 시대, 소위 〈적대적 공생관계〉를 끝내고 새로운 시대를 시작해야 한다.

기득권들이 짜놓은 판 위에서 놀면 안 된다. 지금까지 해왔던 방

식으로는 안 된다. 새롭게 가야 한다. 꼰대 정치의 위기를 딛고 90년대
생의 정치를 시작해야 한다.

작년에 팀을 우승시킨 감독도 다음 시즌 성적이 나쁘면 잘린다.
전술이 낡아서든, 상대팀에게 간파당했든, 선수단 장악을 못했든 이유
는 중요하지 않다. 수명이 다했다고 생각되면 물러나야 한다. 야속하
고 억울해도 팀의 미래를 위해서 〈아름다운 퇴장〉을 해야 한다.

예전에는 고급 정보에 접근하기 어려웠다. 정보의 비대칭성과 불
공정성이 심했기 때문이다. 하지만 지금은 다르다. 자기가 찾는 대로,
보고 싶은 대로 볼 수 있는 사회가 되었다. 그러다 보니 합리성과 실용
성을 추구하는 세대가 본격적으로 대두하기 시작했다.

많은 청년들이 말한다. 변해야 하는 세상은 변하지 않고 변하지
않아야 하는 사람들은 변해 간다고. 실망한 청년들은 "노력해도 안 되
는구나"라고 생각하고 있다. 노력에 대한 대가가 공정하지 않다고 생
각하고 있다. 그와 동시에 130만 넘는 취준생들이 취업을 못하고 있다.
노력할 기회조차 주어지지 않는 것이다.

그런데도 기성세대는 "요새 애들은 왜 이렇게 노력도 안 하고 워
라벨만 찾느냐?"고 비난한다.

하지만 지금의 우리 사회는 희망을 갖지 못하게 만드는 구조로
되어 있다. 그 구조를 깨야 한다. 껍질을 깨고 새로운 세상으로 날아가
야 한다. 알을 깨다가 연약한 부리에 피가 흘러도, 눈부신 햇살에 눈이
부셔도, 포기하지 말고 계속해 나가야 한다.

"알은 세계다. 태어나려고 하는 자는 누구든 하나의 세계를
파괴하지 않으면 안 된다. 새는 신을 향해 날아간다. 그 신의
이름은 아브락사스다."

헤르만 헤세의 〈데미안〉에 나오는 말이다. 아브락사스는 신과 악
마의 합일체로서 선과 악을 초월한 존재를 의미한다. 나에게는 이념을
초월하라는 뜻으로 읽힌다. 진보와 보수, 좌와 우를 넘어서 실용의 정
치로 다수의 행복을 추구하라는 말로 들린다.

새는 좌, 우 양쪽 날개로 날아간다. 낡은 판과 이념을 초월하여 새
로운 시대로 날아오르자.

날개야 다시 돋아라.
날자. 날자. 날자. 한 번만 더 날자꾸나.
한 번만 더 날아 보자꾸나.

- 이상, 날개

K-신분제 사회

오늘날 20대 문제의 핵심은 '1등 시민'인 중상위층과 나머지 '2등 시민' 간의 격차가 더는 메울 수 없는 초超격차가 되었다는 데 있다.

- 조귀동, 세습 중산층 사회

학벌 카스트, 부동산 카스트. 자본소득 카스트.

계층 이동의 사다리도 걷어차이고, 정상적인 방법이나 노동으로는 신분상승이 불가능하다.

이런 사회를 〈신新 신분제 사회〉라고 한다면 지나친 것일까?

하지만 계층이동이 불가능하고 세습된다면 그게 신분제 사회가 아니고 무엇이란 말인가?

올라가는 사람들이 있지 않냐고? 어느 시대, 어느 나라에도 예외는 존재했다. 임진왜란 때도 공을 세워 면천되고 고위 관료까지 된 이들이 있었다. 대표적인 예가 정충신 장군이었다. 반대로 죄를 지어 천민이나 관노가 된 양반들도 있었다.

이처럼 옛날 신분제 사회에서도 추락하는 자들과 상승하는 자들이 꾸준히 등장했다. 하지만 그런 이들이 있다고 해서 전근대 사회가 신분제 사회가 아니었다고 하는 사람은 아무도 없다. 따라서 개인이 아니라 사회 시스템의 측면에서 봐야 한다.

유럽이나 미국은 이미 계층이동이 힘들다고 보는 사람이 많다. 사회가 성숙기에 들어선 지 오래이기 때문이다.

우리나라도 그렇게 되어가고 있다.

이런 현상은 인류의 역사에 수없이 반복되어온 패턴이다. 어제의 청년이 오늘의 꼰대 기득권이 되는 현상은 당연하기까지 하다.

그래서 기성세대의 상당수는 '요즘 애들'이 힘들어한다는 걸 이해하지 못한다.

그러나 그때와 지금은 결정적인 차이가 있다. 그것은 바로 수직적 이동 가능성의 차이다.

수직적 이동이란 무엇인가? 개인이 자신의 힘으로 성공하고 부자가 되는 것이다. 신분제 사회에서는 수직적 이동이 거의 불가능하다. 임진왜란 정도의 충격과 혼란이 일어나야 한다.

하지만 민주화된 사회에서는 일상적으로 발생해야 한다. 그래야 건강한 사회다. 혈액순환이 잘 되어야 건강해지는 것처럼 말이다. 신분제 사회가 정체되는 이유도, 선진국들이 대부분 민주주의를 표방하는 이유도 바로 여기에 있다.

그러나 대한민국의 수직적 계층이동은 시간이 지날수록 어려워지고 있다. 청년들도 그걸 느끼고 있기 때문에 더 깊이 절망하는 것이다.

부자 부모를 못 만난 게 죄라고 자조적으로 한탄하는 사람들도, 그게 자신의 죄가 아니라는 사실은 본인이 제일 잘 알고 있다. 사실 이런 말들이 나온다는 것 자체가 참 안타깝고 씁쓸한 일이다. 부모의 가슴에 대못을 박는 짓이기 때문이다. 청년들이 오죽 답답하면 그러겠는가?

부모를 잘 만나지 못한 청년들은 코인이나 주식, 부동산에 '올인'하기도 한다. 물론 바람직한 행동도 아니고 현명한 행동은 더더욱 아니다. 하지만 이해할 수는 있다. 안 그러면 답이 없다고 느끼기 때문에 '지푸라기라도 잡는 심정으로 그러는 것'이라고 볼 수 있다.

토마 피케티가 말한 것처럼 자본소득이 노동소득을 압도하기 때문이다. 코로나 팬데믹이 이런 현상을 더욱 심화시켰다. 코로나에 대응하기 위해 미국을 비롯한 세계 각국이 엄청나게 돈을 풀었고, 그 결과 부동산을 비롯한 자산 가격이 폭등한 것이다. 그로 인해 자산양극화가 심해졌다. 예전에도 월급 모아 집을 사는 게 어려웠지만 이제는 꿈도 못 꾸는 일이 되었다. 부모가 집을 물려주거나 사주는 경우가 아니라면 말이다. 이런 세상에서 "열심히 일하는 게 바보"라는 한탄을 어떻게 반박하겠는가?

설상가상으로 교육까지 문제다. 수직적 계층이동의 사다리가 되어주었던 교육은 이제 거대한 장벽이 되었다. 부모찬스 없이 이 장벽을 넘는 것이 예전보다 훨씬 힘들어졌다.

더 이상 개천에서 용이 나오지 못한다는 이야기가 지배적이다. "개천에 사는 주제에 용꿈을 꾸나? 택도 없는 소리다! 부모가 돈이 많아야 자녀를 제대로 교육시킬 수 있다는 것도 모르나? 부모의 재력이

자녀들에게 대물림된다는 사실도 모르냔 말이다!"라는 생각이 청년세대 사이에서 퍼져나가고 있다. 사실 여부를 떠나 이러한 믿음이 점점 확고하게 내면화되고 있다는 사실이 중요하다.

아직 늦지 않았다. 일하는 사람이 대우받는 세상, 열심히 일하면 충분히 결혼하고 자식을 낳아 기를 수 있는 세상을 만들어야 한다. 이는 오직 정치만이 풀 수 있다. 사회적 자원을 재분배하고 동기를 부여하며 방향을 설정하는 것, 그것은 정치의 영역이기 때문이다. 정치가 부패하고 타락했다고 해서, 한심하고 무능력하다고 해서 눈을 돌려선 안 되는 이유가 여기에 있다.

희망의 정치가 필요하다.

K-승자독식 사회

요즘 인터넷을 보면 씁쓸할 때가 많다. 조금만 마음에 안 들어도, 잘못해도 '벌레'라고 부르기 때문이다. 진지충, 급식충 등 말 그대로 불신이 가득한 사회에서 서로에게 공격적인 태도로 혐오의 민낯을 뚜렷하게 보여주고 있는 것이다.

이와 같이 우리 사회는 이미 사회적 갈등이 위험수위를 넘어선 지 오래다. 연대와 신뢰, 상호 부조와 같은 사회적 자본들이 심각하게 훼손되어 있기 때문이다.

나보다 강하면 비난하고 나보다 약하면 조롱한다. 온라인에서는 악플을 쏟아내고 오프라인에서는 갑질을 한다. 여자와 남자가, 중년과 청년이, 금수저와 흙수저가, 수도권과 지방이, 대졸 이상과 고졸 이하가 서로를 향해 저주를 퍼붓는다.

이유가 무엇일까? 사회가 나를 보호해주지 않는다고 생각하기 때문이 아닐까? 여기에 돈이 최고라는 황금만능주의, 천민자본주의까지 가세했다. 한국 사회가 시간이 갈수록 천박해지고 있다. 의심과 혐오가 판치고 모두가 화가 나 있다. 불과 10년 전만 해도 이 정도는 아니었다. 앞으로 10년 뒤에는 과연 어떻게 되어 있을지 무서울 지경이다.

이렇게 된 이유는 무엇일까? 교육과 사회에 만연한 〈능력주의〉가 문제다. 능력 있는 자가 모든 걸 가지고 능력이 없는 자는 아무것도 가지지 못하는 게 당연하다고 생각하는 능력주의와 승자독식 가치관, 이것이 문제다.

이 글을 읽고 계신 독자분들 중에 상당수는 "능력에 따른 분배? 그게 뭐가 나쁘다는 거야?"라고 생각하실 것이다. 그런데 능력주의가 능력에 따른 분배라는 생각 자체에 함정이 있다.

보상에 합당한 능력이란 게 과연 무엇인지부터가 문제다. 우리나라는 능력을 시험점수로 판단한다. 엄밀히 말해 능력주의가 아니라 점수주의인 셈이다. 0.1점 차이로 과도한 보상과 과도한 불이익을 당해야 하는 사회! 이것이 과연 공정한 사회일까?

그게 공정하다고 쳐도 문제는 남아 있다. 사람들은 보통 자신이 노력해서 능력을 얻었다고 생각한다. 하지만 지방의 가난한 가정에서 자란 수험생과 강남에서 전문직 부모에게 양육된 수험생이 과연 공정한 경쟁을 해왔다고 할 수 있을까?

만약 그것도 공정하다고 생각한다면, 최순실의 딸 정유라가 SNS에 썼던 다음 문장도 긍정해야 할 것이다.

"능력 없으면 네 부모를 원망해. (돈) 있는 우리 부모 가지고 감 놔라 배 놔라 하지 말고. 돈도 실력이야."

위 주장은 수많은 커뮤니티로 퍼져서 수많은 청년들을 분노케 했다.

날이 갈수록 상황이 나빠지고 있다. 승자독식으로 인한 양극화가 갈수록 심해지고 있는 것이다. 피라미드 구조를 넘어 압정 구조로 가고 있다. 중산층은 없고 절대다수의 빈곤층과 극소수의 억만장자들만 있는 형태! 그래서 압정을 뒤집어놓은 모양이 되는 것이다.

능력주의 이데올로기도 문제지만 재벌들의 독과점 카르텔도 문제다. 대기업이 실질적으로 소유하는, 즉 지분을 가진 중소기업들로부터 납품을 받는 구조가 고착화되고 있다.

이런 판을 깨야 한다. 대기업과 중소기업 간의 격차를 줄여야 한다. 중소기업과 대기업의 임금격차가 지금처럼 심각하지 않던 2~30년 전처럼, 청년들이 소신을 가지고 중소기업과 중견기업, 대기업, 또는 스타트업 중에서 고를 수 있게 해줘야 한다.

날로 각박해지는 한국 사회!
그 원인은 능력주의와 승자독식의 논리에 있다.

이런 상황의 가장 큰 피해자는 청년들과 사회적 약자들일 수밖에 없다. 청년들이 앞장서서 판을 뒤엎어야 하는 이유가 여기에 있다.

K-양극화 사회

돈, 권력 다 가진 극소수가 기회마저 독점해서 자산과 소득의 불평등을 키우고 또 키워도, 나머지 99%를 각자도생의 살벌한 지옥으로 내몰아 노인자살, 청년자살이 세계 최고인데도 믿을 건 그래도 그들이라며 착한 사람들이 표를 몰아준다.

- 천주교정의구현전국사제단 비상대책위원회

대한민국은 전 세계에서 빈부격차가 가장 심각한 국가 중에 하나다. OECD 국가로 한정해도 심각한 수준이다.

미국은 상위 1%가 부의 37%를 차지하고 있다. 러시아는 1%가 70%나 가지고 있다.(출처: BBC.com) 유럽은 나라마다 다르고 미국보다는 덜하지만 더 이상 계층이동이 크게 발생하지 않고 있다. 영국도 독일도 마찬가지다.

나는 독일식 교육을 높이 평가한다. 그러나 일찍부터 진로가 결정됨으로써 계층이동이 어려워지는 단점은 분명 존재한다. 여러 가지 장점과 단점을 고려했을 때, 독일의 교육을 벤치마킹할 필요가 있다고 생각하는 것뿐이다.

우리나라도 미국이나 유럽 같은 성숙 자본주의 사회로 나아가고 있다. 그래서 그들의 고질적인 문제인 '신분과 계급의 고착화와 양극화'가 진행되고 있기도 하다.

우리나라는 일제강점기와 6.25전쟁을 거치면서 외부세력에 의해 강제로 리셋되었다. 그때 이후 한강의 기적이라는 말을 들을 정도로 빠르게 성장했지만, 그만큼 빠른 속도로 모순도 축적되어 왔던 것이다. 방금 말한 '신분과 계급의 고착화와 양극화'가 대표적이다.

노무현 전 대통령이 행정수도이전을 천명했던 것도, 수도권의 부동산 집중 현상을 조금이라도 완화해서 양극화의 속도를 늦추기 위한 고육지책이었을 것이다. 하지만 안타깝게도 기득권들은 노무현의 대계(大計)를 좌절시켰다. 그리고 20여 년이 지난 지금, 우리는 노무현이 걱정했던 최악의 사태를 경험하고 있다. "수도권에는 둥지가 없고 지방에는 먹을 게 없는" 상태가 바로 그것이다, 출생률 폭락은 그 결과 중 하나다.

혹시 이미 골든타임을 놓친 게 아닐까? 너무나도 걱정이 된다. 이 문제를 생각할 때마다 양극화의 속도가 너무 빠르고 부유층과 빈곤층의 격차가 너무 커서 '절망회로'가 불타오른다.

하지만 지금부터라도 해결해 나가야 한다. 성공 여부는 하늘에 맡기고 최선을 다할 수밖에 없다.

시간이 없다.

〈민주적 평등주의〉를
시작하자

우리나라의 온라인 커뮤니티들은 분노를 발산하는 장이 된 것 같다. 남을 비난하고, 생각이 다른 사람에게 "네가 틀렸다!"라고 윽박지르는 문화가 만연한 듯하다. 다른 사람을 글로 공격하는 사람들은 그런 무익한 활동을 하느라 너무 바쁘다. 그래서 '진짜 적들', 그러한 불평등과 프레임을 만든 기득권 철밥통들을 비판하지 못한다. 눈앞에 있는 〈공공의 적〉들이 너무나도 먹음직스럽기 때문이다. 그들을 공격하는 것만으로 정의감이 충족되는데 왜 굳이 거악(巨惡)을 건드리겠는가? "시스템이 문제다! 근본적인 문제를 해결해야 한다!"라는 외침은 비겁한 변명으로 들릴 뿐이다.

우리끼리 싸우느라 진짜 중요한 문제들을 무시하고, 바늘도둑들을 단죄하느라 소도둑을 보지 못하며, 마름을 공격하느라 대지주와 소작제도 자체에 신경을 쓰지 못하는 셈이다.

농노들이 자신의 발목에 걸린 족쇄가 더 크고 멋지다며 싸우는 동안, 자신의 쇠사슬에는 보석이 박혀 있다고 자랑하는 동안 지주들은 웃으며 대부분의 소출을 가져간다.

과장이라고 생각하는가? 이미 상위 10%의 기득권이 50%의 소득을 차지하고 있다. 나머지 50%를 90%가 피터지게 싸워서 나누어 가지는 것이다. 사실 나머지 50%의 상당수도 상위 20%가 가져갈 것이다.

게다가 불평들이 증가하는 속도가 더욱 빨라지고 있다. 불평등이 오히려 심화되고 있는 것이다.

"세계불평등연구소(World Inequality Lab)에서 발표하는 국가별 소득 불평등 데이터를 분석한 결과, 2007년부터 2021년까지 우리나라 소득 최상위 1%가 전체 소득에서 차지하는 비중이 3.3%포인트(p) 증가한 11.7%를 기록했다. 이는 OECD 회원국 가운데 비교 가능한 30개국에서 멕시코(8.7%p)에 이어 두 번째로 큰 증가 폭이다.

또 소득 최상위 10%의 비중도 같은 기간 2.5%포인트 증가한 34.4%를 기록했다. 증가 폭도 OECD 회원국 가운데 네 번째로 크다. 상위 10%의 소득 비중 증가 폭이 우리나라보다 큰 나라는 뉴질랜드(4.5%p), 덴마크(3.8%p), 튀르키예(3.3%p)뿐이다."

이것은 한겨레신문이 보도한 〈한국 소득 불평등, OECD 2번째로 빠르다.〉라는 기사에서 발췌한 것이다. 기사의 제목대로 우리나라의 소득 불평등이 오히려 더 심해지고 있는 것이다. 2021년까지의 자료니까 지금은 더 심해졌을 것이다.

게다가 윤석열 정부는 부자감세를 공언하고 실제로 실천하고 있다. 우리 사회가 나아가야 할 방향을 정면으로 거스르고 있는 것이다. 계층이동의 희망이, 열심히 일하면 누구나 결혼하고 집을 살 수 있다는 희망이 더욱 희박해지고 있다.

이쯤 되면 '불평등은 참아도 불공정은 못 참는' 한국인들 특유의 사고방식이 재벌과 언론을 비롯한 기득권의 가스라이팅 때문이 아닌지 의심스럽다. 능력이 다르니까 결과의 불평등이 당연한 거라고 세뇌하는 '능력주의식 세뇌' 말이다.

그러나 능력주의에서 말하는 공정한 조건은 처음부터 불가능하다. 즉 기울어진 운동장인데 평평한 운동장이라고 우기는 것이다. 불공평한 운동장에서 벌어진 시합의 결과마저 네 책임이라고 떠넘긴다면, 누가 열심히 뛰려고 하겠는가?

이제 공정을 넘어 불평등 완화에도 주목해야 한다. 이긴 자가 모든 걸 가져가는 승자독식 구조로는 경제적 양극화가 더욱 심해질 것이다. 사회의 모든 분야에서 불공정한 규칙이나 옳지 못한 관습을 바로잡아야 한다. 공정이라는 가치를 기반으로 양극화를 해소하는데 힘을 모아야 한다. 누구나 열심히만 하면 다시 일어 날 수 있는 사회가 되어야 한다.

이제 공정한 운동장을 만들 차례다.

골목식당보다 맛있는
골목정치를 시작하자

올해 초에 백종원 대표가 예산군과 손잡고 식당가를 만들었다. 그동안 잡음과 문제가 없지 않았지만 2023년 5월까지 70여만 명이 찾는 성공을 거두었다고 한다. 경향신문 기사에 따르면 평일에는 6~7천 명, 주말에는 3만 명 이상이 방문하고 있다고 한다.

백종원 대표와 비슷한 일을 정치인들도 하고 있다. 지역구 가게들과 유튜브에 출연하고 신문 매체와 인터뷰를 하기도 한다. 이걸 쇼맨십이라고 비난하는 사람들도 있을 것이다. 하지만 지금처럼 당 지도부나 계파 보스에게 잘 보이려고 하는 것보다, 국민들과 지역구민들에게 잘 보이려고 하는 게 백 배 낫지 않을까?

지금 필요한 정치인은 상대 당 정치인과 지지자들을 색깔론으로 매도하는 사람도, 자신을 검찰총장이라는 권력 핵심으로 만들어준 전

임 정부를 반국가세력이라고 매도하는 사람도 아니다. 백종원 대표처럼 국민들과 소통하며 눈과 혀를 즐겁게 해주는 정치인이다. 국회의원 금배지를 자랑스럽게 반짝이며 뒷짐 지고 있는 '꼰대'가 아니라, 생활과 실용의 영역에서 국민들과 함께 호흡하는 서포터가 되어야 한다.

지긋지긋한 이념의 정치가 아니라 맛있는 정치, 멋있는 정치가 필요하다. 국민들의 입장에서, 국민들과 같은 눈높이로, 국민들을 잘 살게 해주기 위해 고민하고 노력하는 모습을 보여줘야 한다.

프랜차이즈 업체 대표인 백종원 대표조차 그렇게 하는데, 입만 열면 국가와 국민의 머슴이 되겠다고 외치는 정치인들은 몇 배 더 노력하는 게 당연하다.

정치가 국민들께 스며드는 방식을 단순하고 단조롭게 만들어야 변화를 주도할 수 있고 현실감각 있는 신진 정치인들이 더욱 많이 나올 것이다.

미래지향적인 세상을 만들기 위해서는 눈앞의 이익만을 추구하지 않는 공평무사한 정치인, 철학을 가진 젊은 정치인의 트렌디함이 필요하지 않을까?

내가 평소에 늘 하는 고민이다. 이 고민에 대한 해답은 결국 사람에게서, 시장에서, 골목에서 나온다고 생각한다.

선택과 집중
: 삶(3)의 혁명

먼저 첫 번째로 중요한 일들을 해결하기 위해 적극적으로
착수하고, 두 번째로 중요한 일들에 대해서는 눈도 돌리지
마라.

- 브라이언 트레이시

하찮은 일 때문에 중요한 일을 놓쳐서는 결코 안 된다.

- 괴테

목표를 달성하는 지식근로자들은 업무의 우선순위를 스스로
결정하고, 그 결정을 고수한다. 중요한 일을 먼저 하는 것 이외
에 달리 선택의 여지가 없음을 잘 안다. 두 번째로 중요한 일은
결코 하지 않는다. 그렇게 하지 않으면 아무것도 이룰 수 없다.

- 피터 드러커

선택과 집중이 중요하다. 전부 다 하겠다는 말은 아무것도 안 하겠다는 말과 같다.

일단 세 가지에 집중하자. 첫째는 청년 투표율 30% 증가다. 2030 청년들의 투표율이 눈에 띄게 증가하는 것만으로도 정치권을 바짝 긴장시킬 수 있다. 호갱 취급이 아니라 VIP 대접을 받을 수 있다.

둘째, 2030 청년 정치인을 최소한 열 배로 늘려야 한다. 열 배라고 해봤자 30명 정도다. 국회의원 300인의 10%에 불과하다. 2030 유권자의 비중이 약 30%라는 걸 감안하면 한참 부족한 수치다. 하지만 이번에는 일단 현실적으로 이것을 목표로 잡자.

셋째, 〈아름다운 세대교체〉를 촉구하자. 대한민국 정치판은 기성세대가 지배하고 있다. 이런 현상이 워낙 오래 계속되다 보니 "정치는 원래 나이 많은 사람들이 하는 것"이라는 선입견까지 생겨 버렸다.

하지만 그렇지 않다. 대의민주주의 체제는 기본적으로 대표성에 기반을 두고 있다. 그러므로 인구비례에 따른 청년 정치인 양성은 반드시 필요하다.

더 나아가 〈정치 유소년 리그〉가 활성화되어야 한다. 외국처럼 10대 때부터 정치에 입문해서 2030이 되면 10년 이상의 경력을 가진 베테랑 정치인이 될 수 있게 해야 한다. 그래야 2030의 눈높이에서 2030을 위한 정책을 입안할 수 있다. 청년의, 청년에 의한, 청년을 위한 정치가 실현되는 것이다.

이 부분에 대해서는 3장과 4장에서 다시 이야기하고자 한다.

우선 위의 세 가지부터 해결하자. 더 좋고 더 절박한 문제가 있더라도 일단 저 세 가지에 집중하자. 구체적인 사안들은 그렇게 의회나 행정부에 들어간 청년 정치인들을 앞세워 청년들이 직접 해결하게 하자.

끈질기고 집요하게 물고 늘어져야만 해결할 수 있다.
그 다음에 또 세 가지를 정해서 해결하자. 그렇게 계속 나아가자.
이렇게만 하면 우리의 삶이 반드시 바뀐다.

인공지능 혁명과
정치의 미래

미국 등 대부분의 국가에서 불평등이 심해지고 양질의 일자리가 부족해지고 있다. 중국과 일본, 한국이 특히 심하지만 세계 어디도 크게 다르지 않다.

이런 상황에서 인공지능, IoT, 메타버스 등의 4차 산업혁명이 급물살을 타고 있다. 4차 산업혁명은 자본주의의 산물이지만 필연적인 관계를 가진 것은 아니다.

우리나라의 경우 이러한 추세에 절망적인 저출생까지 겹쳐졌다. 앞으로 어떤 일이 벌어질지 아무도 모르는 상태가 되었다. 인공지능과 4차 산업혁명으로 이 모든 문제가 해결될까? 반대로 더욱 심화될까? 아니면 지금은 상상도 못할 방향으로 전개될까? 미래학자들도 뚜렷한 답을 내놓지 못하고 있다.

다만 팩트에 기반한 확실한 사실이 있다. 저출생으로 인한 인구 감소 현상이 바로 그것이다.

우리나라 인구는 2020년에 처음으로 감소했다. 2021년에는 2020년의 두 배인 6만여 명이 감소했고, 2022년에는 2021년의 두 배인 12만 명이 감소했다. 생산가능인구도 매년 33만 명씩 줄고 있다. 지금은 구직난이지만 빠르면 3년, 늦어도 10년 내로는 구인난이 일상이 될 거라는 뜻이다.

이를 위해서는 근로시간을 줄여서 더 많은 일자리를 창출해야 한다. 그게 유일한 해결책은 아니지만 꼭 필요한 일이다. 발상의 전환이 필요하다.

그런데 윤석열 정부는 오히려 근로시간을 대폭 늘리려고 하고 있다고 해도 과언이 아니다. 청년이나 노동자가 아니라 기득권과 자본가를 위해 일하는 당이라고 광고하는 건가 싶을 정도다.

정확히 반대로 나아가야 한다. 노동시간은 갈수록 줄여야 한다. 인공지능 빅뱅과 로봇혁명이 코앞에 다가왔기 때문이다.

특히 '인공지능이 탑재된 로봇'이 상용화되면 인류의 삶이 완전히 달라질 것이다. 과장해서 말하면 2천 5백여 년 전의 고대 그리스 시대로 돌아갈지도 모른다. 노예(로봇)가 일하고 시민들은 여가를 주체하지 못했던 그때 말이다.

그때 소크라테스와 플라톤, 피타고라스, 헤라클레이토스 등이 서양철학의 시작을 알린 것처럼, 인류 문명이 완전히 새로운 국면에 접어들지도 모른다.

지난 대선에서 핫한 논쟁거리가 되었던 기본소득도 빠른 시일 내에 중요한 화두가 될 것이다. '생각하는 기계'인 인공지능에 의해 구매력이 급감하면 자본주의 체제가 유지될 수 없기 때문이다.

100여 년 전의 대공황도 비슷한 이유로 발생했다. 루즈벨트 대통령이 후버 댐 건설 등을 통해 일자리를 제공하고 경기를 부양한 덕분에 대공황을 극복할 수 있었다.

'인공지능이 탑재된 로봇'이 인류의 정치, 경제, 사회, 문화를 바꾼다고? 공상과학에나 나올 헛소리라고 치부하지만 꼭 그렇다고만 볼수 없다. 2022년 연말까지만 해도 대중들은 인공지능에 무관심했다.

그런데 2023년이 되자 〈챗GPT〉로 대표되는 생성형 인공지능이 전 세계를 뒤흔들었다. 모두가 〈초거대언어모델(LLM)〉, 〈스테이블 디퓨전〉, 〈미드저니〉 등의 생소한 단어를 말하고 있다. 이것들을 모르면 도태될 거라고 경고하고 있다.

이와 같이 변화는 도둑처럼, 아니 번개처럼 다가온다. 변화를 체감했을 때는 이미 늦다. 이미 다음 변화가 시작되고 있을 테니까. 어쨌든 이런 세상이 되면 일하는 시간이 줄어들 수밖에 없다. 100명이 할 일을 한 명이 할 수 있기 때문이다.

물론 새로운 직업들이 생겨날 것이다. 그러나 적어도 선진국들은 예전처럼 오래 일하지 않을 것으로 예상된다. 선진국 중에서 가장 오랫동안 일하는 우리나라도 그렇게 될 것이다. 윤석열 정부의 주 69시간 노동정책은 후세의 역사가들에 의해 블랙코미디로 평가될 것이다.

어쨌든 앞으로 개인의 힘이 커지고 여가시간이 늘어나며, 기본소득 등으로 안정감을 갖게 되면 정치에 대한 관심과 참여도 예전보다 활성화될 것이다.

하지만 지금 국회의원들을 보면 그런 변화를 먼저 예상하고 대비할 것 같진 않다. 아마 국민들의 요구가 크게 터져 나와야 부랴부랴 뭔가를 시도할 듯하다.

2장

괴물이 되어버린
한국 교육

한국 교육이
오히려 문제를 낳았다?

대한민국은 사상 최초로 선진국이 된 식민지 출신 국가가 되었다. 군사력으로 다른 나라를 약탈·착취하여 막대한 이익을 본 제국주의 국가가 아닌데도 선진국이 된 것이다.

전 세계가 한국의 경제성장과 발전에 큰 관심을 가졌다. 기존 선진국들은 물론이고 한국보다 GDP가 낮은 나라들이 〈한강의 기적〉의 비결을 배우려고 애썼다.

이들은 한국식 경제발전의 주된 요인이 〈K-교육〉, 그중에서도 특히 높은 교육열이라는 결론을 내렸다. 높은 교육열 덕분에 '값싸고 질 좋은 인적 자원'이 대량으로 공급되었고, 이들이 천연자원조차 없는 대한민국을 선진국으로 만들었다는 이야기다.

충분히 일리가 있다. 높은 교육열을 가진 근면성실한 국민들이 지금의 대한민국을 일구어 냈기 때문이다.

〈K-교육열〉은 20세기만의 특징은 아니었다. 우리 선조들도 공부를 좋아했다. 고려에 온 중국 사신도, 구한말에 온 서양인들도 집집마다 책이 쌓여 있고 평민들도 책 읽기를 즐긴다며 놀라워했다.

이와 같이 우리 민족은 원래부터 공부하는 걸 좋아했다. 게다가 과거시험이라는 제도가 이러한 성향을 더욱 강화시켰다.

'열심히 공부해서 과거에 급제한 뒤, 입신양명하여 가문을 일으키고 나라를 구하는 선비'가 전형적인 〈K-영웅〉으로 대접받아 왔다. 〈춘향전〉에서 탐관오리인 변학도를 '참교육'하고 정의와 사랑을 쟁취했던 이몽룡도, 〈장화홍련전〉에서 계모의 악랄함을 단죄하고 원귀를 성불시킨 사또도 그런 인물이었다.

홍익학당의 윤홍식 대표는 "(우리나라 사람들은) 양심이 없다는 말을 별로 부끄럽게 생각하지 않는다. 그런데 양심도 지능이라고 하면 부끄럽게 생각한다. 자기 머리 안 좋다는 걸 보여주고 싶어 하지 않는다."라고 꼬집은 바 있다. '나쁜 놈'이라는 욕은 괜찮지만 '머리 나쁜 놈, 가방끈 짧은 놈, 지능 낮은 놈'이라는 욕은 못 참는다는 뜻이다. 이쯤 되면 한민족의 교육열은 DNA 레벨에 각인되어 있다고 봐도 되지 않을까?

그런데 21세기도 20년 넘게 지난 지금, 한국 교육은 '선진국' 대한민국을 병들게 하고 있다. 수사적인 의미가 아니라 물리적인 의미로, 말 그대로 문제를 낳고 있는 것이다.

교육이 대한민국의 문제를 낳고 있다고? 대체 어떤 문제가 있길래 이런 말을 하는 것일까?

가장 먼저 바뀌어야 할
대한민국 교육 (1)

첫째로 학생들을 힘들게 한다. 우리 청소년들은 죽을 만큼 힘들다. 과장을 좀 보탰지만 틀린 말은 아니다. 실제로 대한민국의 청소년 행복도는 OECD 부동의 꼴찌고, 자살율도 항상 최고를 유지하고 있다.

가난해서 끼니를 걱정하는 나라도 아니고 우크라이나처럼 전쟁을 벌이는 나라도 아닌데 왜 이런 걸까? 모두 알다시피 그 답은 '학업 스트레스'다. 물론 학폭이나 가정불화 등으로 인한 자살도 있겠지만 학업 스트레스가 가장 크다. 이는 통계로도 확인되는 사실이다.

이 부분은 한국 사람이라면 모두가 아는, 어찌보면 식상한(?) 내용이기 때문에 길게 설명하지 안해도 될 정도다. 하지만 학업 스트레스와 공교육 붕괴, 사교육 부담이 완화되기는커녕 날이 갈수록 심해지고 있다는 사실만은 꼭 기억했으면 좋겠다. 2023년의 학교는 2000년과 완전히 다르고, 학생들이 느끼는 스트레스와 불안감도 차원이 다르다는 사실도 말이다.

아이들의 수는 줄어들고 있는데 사교육비는 계속해서 오르고 있는 것만 봐도 알 수 있다. 강남 8학군 이야기지만 대여섯 살에 불과한 아이들이 영어, 독서, 예체능 학원을 동시에 다니고 있다. 매달 몇백만 원씩 깨지는 건 물론이다. "대학에 가려면 할아버지의 재력과 어머니의 정보력, 아버지의 적당한 무관심이 필요하다."는 웃픈(?) 말이 상식처럼 나돌고 있다.

왜 이렇게까지 해야 할까? 대한민국보다 잘 사는 나라들도, 비슷하거나 조금 못 사는 나라들도, 심지어 많이 못 사는 나라들도 이렇게는 안 한다.

다시 한 번 자문해 보자. 도대체 우리는 왜, 무엇을 위해 이렇게까지 하는 것일까?

사실은 우리 모두 답을 알고 있다. 이렇게 하지 않으면 패배자가 되고, 평생 2등 국민으로 살아가게 된다는 불안감과 초조함 때문이다. 공부를 못하면 인간답게 살지 못할까 봐 두려워서 그런 것이다. 일자리를 구하지 못해서 최저임금도 안되는 월급을 받으며, 결혼이나 노후 대책은 꿈도 못 꾸는 삶, 희망이 없는 삶을 꾸역꾸역 이어가는 것도 두렵고, 멸시와 비하를 당하는 것도 두렵기 때문이다.

아동학대에 가까운 선행학습과 사교육을 시키는 부모들이 "이게 다 널 위해서다."라고 말하는 이유가 여기에 있다. 한국 교육을 부러워하는 외국인들이 이런 현실을 알게 되면 이렇게 말할 지도 모른다.

"한국 교육은 멀리서 보면 희극이고 가까이서 보면 비극이구나!"

이게 정말 최선일까? 다른 나라는 고등학교만 나온 사람도 각자의 위치에서 평범하게 살아가는데, 왜 우리만 그게 안 되는 것일까? 왜 열등감을 느끼며 주눅이 들어야 하는 걸까?

잘못돼도 크게 잘못됐다. 뒤집어 엎어야 한다.

가장 먼저 바뀌어야 할
대한민국 교육 (2)

대한민국 교육 때문에 힘들어하는 두 번째 분야, 그것은 바로 기업들과 국가의 경쟁력이다.

청소년들을 고통스럽게 쥐어짜서 공부를 시켰으면, 적어도 기업이 원하는 인재를 길러냈어야 하지 않는가? 아이들을 쥐어짰던 명분도 까놓고 말해 '취업률' 아니었던가?

그런데 그것조차 실패했다. 지금의 한국 교육은 기업이 원하는 인재를 '생산해내지' 못하고 있고, 앞으로도 못할 것이다. 아무도 행복하지 않은데 목적조차 실패하는 교육, 그것이 바로 〈K-교육〉이다.

일단 창의력이나 문제해결 능력을 가진 인재가 부족할 수밖에 없는 교육을 시킨다. 전공이 아니라 간판을 보고 대학에 들어간 학생이 많다 보니 전문성도 의심스럽다. 아직도 "누가 전공 따라 취업하나?", "자기가 하고 싶은 일 하고 사는 놈이 얼마나 된다고?"라는 어이없는 말을 쉽게 들을 수 있다.

이런 상황은 기업들의 책임도 있다. 미국의 경우 인사과를 비롯한 HR 부서가 아니라 해당 부서가 신입사원을 뽑는다. 아닌 경우도 있지만 그게 기본이다.

그러다 보니 구직자가 중고등학교와 대학교 때 실제 업무와 관계 있는 활동을 해왔는지를 중요하게 생각한다. 예를 들어 유튜브 마케팅 부서에 지원하는 구직자라면, 그와 관련된 활동들을 실제로 얼마나 해왔는지를 보는 것이다.

그런데 우리나라는 공채 중심이다 보니 대학 간판이나 토익점수, 자소서 같은 '일반적인 스펙' 위주로 보는 경향이 있다. 예전에는 이런 식으로 인재를 채용해도 큰 문제가 없었다. 산업시대에는 기본적인 사무능력과 문제처리능력만 있어도 충분했기 때문이다.

그러나 더 이상은 아니다. 이건희 회장이 "한 명의 천재가 10만 명을 먹여살린다."라고 말한 게 벌써 20년 전이다.

게다가 2023년 이후 혜성처럼 등장한 인공지능이 인류 전체에 거대한 충격을 주면서 산업구조와 사회시스템까지 바꾸고 있다.

지금까지 기업은 시키는 걸 열심히 틀리지 않고 기본 이상으로 해내는 사람을 뽑으면 충분했다. '시키는 대로 열심히 공부해서 문제를 틀리지 않고 푸는 전문가가 된' 명문대생들이 각광받은 이유가 여기에 있다. 엉덩이를 의자에 딱 붙이고 앉아서 시키는 대로 하는 걸 전국에서 가장 잘 한 청년들이었으니까. 이때까지만 해도 청년들과 기업들, 국가와 사회 모두 해피했다. 윈-윈 관계였다.

하지만 그런 시절은 영원히 끝났다. 웬만한 사무·행정은 인공지능이 수천 배 잘하기 때문이다. 뱃사공이 아무리 빨리 노를 저어도 모터보트를 이길 순 없지 않은가?

먼 미래의 일이 아니다. 이미 시작되었다. 미래학자들은 앞으로 직업의 50%가 사라질 거라고 예상한다. 대부분이 '의자에 앉아서 시키는 대로 하면 되는' 일들이다. 물론 지금은 없는 새로운 직업들도 생기겠지만.

IBM은 이미 수천 명의 직원을 해고했고, 미국의 다른 기업들도 AI를 이유로 인력감축과 해고를 시작했다. 마치 타이프라이터들이 워드프로세서에 밀려 사라졌고, 마부들이 자동차에 밀려 사라졌듯이 말이다. 역사는 늘 반복되는 법이다.

"인공지능을 과대평가하는 거 아니냐? 메타버스처럼 금세 사그라들 유행 아니냐?"라고 하실지도 모르겠다.

그러나 인공지능은 아직도 초창기다. PC가 본격적으로 가정필수품이 되기 시작했던 586 펜티엄 컴퓨터 시기, 스티브 잡스가 스마트폰을 출시해서 모바일 산업이 태동했던 때와 비슷하다는 말이다. 앞으로 얼마나, 어떻게 세상을 변화시킬지 상상도 할 수 없다.

모 커뮤니티에서 인공지능에 대한 인상적인 댓글이 있어서 소개한다.

> "우리는 지금 막 날기 시작한 복엽기를 보고 있다. 그것은 수년 내에 제트비행기가 될 것이다."

앞으로 메타버스와 인공지능이 융합되고, 로봇과 인공지능이 융합

되고, 사물인터넷에 인공지능이 탑재되면 혁명적인 변화가 생겨날 것이다. 이런 상황에서 과연 10년, 20년 뒤에도 대기업이 지금과 같은 방식으로 인재를 뽑을까? 아니, 대기업이라는 기업이 존재하기나 할까?

담대한 상상력이 필요하다. 그래야 미친 듯이 변하는 세상에서 미치지 않고 살아남을 수 있다.

가장 먼저 바뀌어야 할
대한민국 교육 (3)

이와 같이 한국 교육의 입장에서 보면 한국 기업들은 가해자(?)인 동시에 피해자인 셈이다.

한국 사회와 국민들도 마찬가지다. 한국 교육의 피해자인 동시에 가해자였다. 이런 교육 방식이 잘못되었다는 것을 모두가 알지만, 교육 체제를 거부할 수는 없었다. 전형적인 악순환 구조였다.

그중에서도 출생률이 가장 큰 피해를 입었다. 천문학적인 사교육비와 공교육 붕괴로 인해 저출생이 심각해졌다.

가장 큰 문제는 교육이었다. 부동산 문제 등도 있지만 교육이 가장 큰 원인 중 하나라는 데는 이견이 없을 것이다. 부동산은 외곽으로 나가거나 전세·월세로 살 수도 있지만 교육비는 그렇지 않다. 공교육이 무너지는 상황에 '남들 다 시키는 사교육을 안 시켜줬다가 자식에게 원망을 들으면 어쩌나?' 하는 두려움이 만연해 있다.

저출생은 우리나라의 미래를 위협하는 가장 큰 문제 중 하나다. 그렇다면 나라를 망하게 하는 교육, 망국의 교육은 을사오적과 같은 〈공공의 적〉이 아닌가?

한국 교육은 이미 태어난 아이들을 죽음으로 내몰았고, 태어나지 않은 아이들의 '태어날 기회'를 박탈했다고 해도 과언이 아니다.

얼마 전, 대한민국의 학교폭력을 다룬 드라마 〈더글로리〉가 전 세계적인 반향을 일으켰다.

그러나 학교와 교육 시스템도 '연진이'의 공범이다. 학생들의 영혼에 깊은 상처를 남기고, 평생 지울 수 없는 '패배의 기억'을 새겨 왔기 때문이다. 청소년들의 공격성이 날이 갈수록 심해지는 이유도, 게임이나 SNS, 온라인 커뮤니티에서 혐오와 증오를 뿜어내는 이유도 여기에 있다.

지금이라도 발상을 전환해야 한다. 학교가 성적으로 학생들을 등급화하고, 성적이 좋지 않으면 '등급'이 낮은 인간이라고 낙인을 찍는 교육을 그만해야 한다. 이제 충분히 그럴 때가 되었다.

소통과 협동, 민주시민적 자질을 가르쳐줘도 모자랄 학교에서 열등감과 패배감을 심어주는 것이 현실이다.

이런 현실을 바로잡아야 사회도 건강해진다.

개미군의
눈물

지금의 청년세대는 아빠의 재력이 자녀의 능력이 되고, 〈부모찬스〉가 기회의 사다리가 되며, 부는 대물림되는데 개천에서 용 나기는 불가능해지는 사회를 살고 있다. 아니, 살고 있다기보다는 견디고 있다는 표현이 더 적절할 것이다.

90년대생들이 초등학교에서 대학교를 다니는 동안 한국 사회가 저성장과 능력주의의 늪에 빠지기 시작했다. 90년대생들은 이로 인한 '데미지'를 가장 크게 입은 세대였다.

물론 50년대생이나 70년대생의 청년기도 힘들었다. 90년대생이나 00년대생은 상상도 못할 일들이 그때는 비일비재한 것도 사실이다.

예를 들어 워라밸을 내세우거나 회식을 거부한다면? 아니, 상사보다 일찍 퇴근한다면?

심하면 상사들에게 손찌검을 당할 수도 있었다. 모욕이나 성희롱을 당해도 하소연조차 못 하는 경우가 많았다. 지금은 상상도 못할 일이다.

교육도 마찬가지다. 예전에는 상급학교에 진학하는 것 자체가 어려웠다. 머리가 좋은데도 집안 형편 때문에 진학을 못 하는 청년들도 많았다. 지금처럼 학자금 대출 제도가 잘 되어 있지 않다 보니 집안 형편을 고려하지 않을 수 없었을 것이다.

이와 같이 '기성세대가 젊었을 때는 살기 좋았다'는 말은 지나친 감이 있다. '청년이 힘들지 않은 시대는 없었다' 정도가 옳지 않을까 한다.

하지만 그때는 고성장 시대였다. 공교육과 입시도 비교적 공정했다. 부모의 서포트가 없어도 열심히만 하면 충분히 좋은 대학에 갈 수 있었다.

노력하면 성공한다는 공식은 한국사회가 공유하는 믿음이자 상식이었다. 그리고 실제로 가능했다. 대학을 나와서, 또는 기술을 배워서 직장을 잡고 열심히 노력하면 20대에 결혼해서 30대에 집 사고 노후준비를 하는 것까지 가능했기 때문이다.

하지만 이제 그 믿음이 깨졌다. 2020년대를 살아가는 대부분의 청(少)년들은 그게 불가능하다고 생각한다. 실제로도 그렇다. 자수성가의 신화는 정말로 신화(神話)가 되어버렸다. 지금의 청년세대, 2030, 90년대생들은 악착같이 노력해서 치열한 경쟁을 뚫어봤자 더 이상 미래가 보장되지 않는다고 생각한다. 90년대생들이 유독 불공정, 불평등, 불의(不義)에 민감한 이유가 바로 여기에 있다.

소위 〈MZ 세대〉들이 직장상사에게 복종하지 않는 것도 이 때문이다. 회사에 뼈를 묻을 것도 아닌데 어째서 불합리를 참아야 하는가?

상사들이나 선배들의 모습이 딱히 좋아 보이지도 않는데 말이다.

　이런 생각들은 '요즘 것들'의 엄살이 아니다. 막연한 불안감도 아니다. 오히려 합리적인 선택에 가깝다. 부동산 폭등으로 인해 자본소득이 노동소득을 추월한 지 오래이기 때문이다.

　이런 현상은 우리나라만의 문제도 아니고 최근에 갑자기 불거진 문제도 아니다. 물론 코로나 때문에 세계 각국이 돈을 미친 듯이 푸는 바람에 자산 버블이 끓어올랐지만, 근로소득과 자본소득의 갭이 급증한 것은 1970년대부터였다. 정확히는 미국이 1970년대였고 그 다음이 유럽, 일본, 한국의 순이었다.

　더 무서운 점은 이대로 가면 현실이 더 각박해질 거라는 사실이다.

우리는 벌을 받기 위해
사는 게 아니다

90년대생에게는 고등학교 때 열심히 공부해서 좋은 대학 가면 연애도 하고 놀 수도 있다는 말이 한가롭게 들린다. 이들은 10대 때도 20대 때도 서른이 되어서도, 끊임없이 경쟁해 왔고 경쟁할 것이다. 경쟁의 시작점도 고등학교에서 중학교, 초등학교로 점점 빨라졌다.

– 박원익/조윤호, 공정하지 않다

청년세대 대부분이 불안함을 갖고 있다.

패배자, 낙오자라는 죄책감과 열패감을 가진 80%는 앞으로의 인생도 지금과 같을까 봐, 독거청년에서 독거중년으로, 독거노년으로 포켓몬처럼 진화(?)하다가 고독사할 것 같아서 불안해하고, "내가 쟤들보단 낫지."라고 자위하며 안도하는 사람들도 결국 '밑바닥'으로 떨어질까 봐 전전긍긍한다. 그 불안감은 나보다 못한 사람들을 조롱하는 것으로 해소한다.

이것은 3040도, 5060도 마찬가지다. 대한민국에 사는 모두가 불안에 떨고 있다. 위에 있는 사람들은 밑으로 떨어질까 봐 불안해하고, 밑에 있는 사람들은 지금보다 더 떨어질까 봐 불안해한다. 현재는 불공평하고 미래는 불확실하다.

대한민국이 이렇게 된 이유는 여러 가지지만 근본적인 이유는 〈능력주의〉 때문이라고 본다. 시험점수로 승자와 패자를 나눈 다음 승자에게 보상을 몰아주고, 패자는 비참하게 사는 게 당연하다고 생각하게 만드는 이데올로기! 그것이 바로 능력주의의 본질이자 결과다.

능력주의는 '능력에 따른 차별'을 앞세워 공정함을 가장한다. 그래서 사회와 시스템의 문제를 개인의 문제로 치환해버린다. "내가 힘들게 사는 이유는 능력이 없기 때문이야."라고 자책하게 만드는 것이다.

사회에 나오기도 전에 죄책감을 갖게 하는 것, 패배자로서의 자아상을 내면화시켜 불평등에 순응하게 만드는 것, 이것이 바로 능력주의의 본질이자 폐해다.

그러나 능력주의에 세뇌당한 한국 청년들은 기득권이 아니라 스스로를 파괴해 왔다. 세계 1위의 자살율이 그 증거다.

하지만 무능한 건 죄가 아니다. 게으른 것도 죄가 아니다. 무조건 열심히 살아야 한다고 '세뇌' 당해왔을 뿐이다.

공부에 관심이 없어서, 재능이 없어서, 집이 가난해서, 철이 늦게 들어서, 게임이나 아이돌이 너무 좋아서 성적이 좋지 않다고 해서 루저 취급을 당하는 건 부당하다.

"패배는 죄가 아니야. 우리는 벌을 받기 위해서 사는 게 아니라고!

우리는 달리기를 하는 게 아니라 삶을 사는 거고, 우리는 패배한 게 아니라 단지! 평범한 거라고.

우리의 국가는, 우리의 정치 공동체는 평범함을 벌주기 위해 존재하는 게 아니란 말입니다."

웹툰 원작 드라마 〈송곳〉의 대사다. 한국 사람들의 트라우마를 정확하게 짚어내는 명대사라고 생각한다. 실제로 이 대사를 듣고 눈물이 났다는 사람들이 많았다.

사실 대한민국은 혁명이 터져도 이상하지 않을 만큼 불평등과 양극화가 심각하다. 그 근본 원인이 바로 능력주의다.

지금이라도 정신 차리자. 그리고 우리 자신에게 말해주자. 너는 패배자가 아니라고, 열등한 게 아니라 평범한 것일 뿐이라고. 평범한 건 죄도 아니고 부끄러운 것도 아니라고 말해주어야 한다.

열심히 일하는 것도 좋지만 게을러도 나 자신을 자책하며 채찍질하지 않아야 한다고 말해주는 것이 좋다고 본다. 좀 느리더라도 올바른 방향으로 간다면 누구보다 훌륭한 삶을 살 수 있다고 이야기해줄 수 있어야 한다. 바람의 노래와 대지의 울림을 느끼고, 때론 낯선 길에서 헤매다가 어느 골목 모퉁이에 주저앉아 속이 후련해질 때까지 울어도 된다고 위로와 격려를 보내줄 수 있어야 한다.

인생은 형벌이 아니고 세상은 감옥이 아니다.

파괴해야 할 것은 우리 자신이 아니라 썩어빠진 기득권과 곪아터진 시스템이다.

K-아포칼립스가
온다

한국 사람들은 불공정을 참지 못한다. 이유 있는 차이는 인정하지만 이유 없는 차이는 단호히 거부한다.

그러나 공정해 보이는 것들도 실은 불공정한 경우가 많다. 예를 들어 부모의 재력이나 정보력에 의해 대학 합격률이 달라진다면 어떨까? 그걸 공정하다고 볼 수 있을까? 모두가 거부하는 '예시'에 불과하겠지만 '아니다'라고 단언하기도 어려울 것이다. 실제로 강남 거주 학생들과 전문직·부자 부모를 둔 학생들의 명문대 합격률이 그렇지 않은 학생들보다 훨씬 높다는 지적도 있기 때문이다.

물론 이런 현상이 불가피하다고 생각하는 분들도 있을 것이다. 부모 잘 만난 것도 운이고, 돈도 실력이라고 주장하는 분들이 많은 것도 알고 있다.

그러나 이런 현상이 계속되면 계급이 고착화되는 현상이 발생한다. 1장에서 이야기한 〈세습 중산층 사회〉, 또는 〈新 신분제 사회〉가 되는 것이다.

이대로 가면 우리 사회는 지금보다 더 분열될 것이다. 한민족이 북한과 남한으로 나누어져 있고, 수도권과 비수도권으로 나누어져 있다는 지적을 받는 것처럼 부자들이 사는 첨단 도시와 빈자들이 사는 황폐한 시골로 나뉘어질 가능성이 있다는 것이다.

마치 세기말 아포칼립스 영화의 한 장면 같지 않은가?

여기에서도 한국 교육이 〈공정하다는 착각〉에 빠져 있는 분들은 그런 미래가 괜찮은 거냐고 묻고 싶다.

이와 같이 능력주의는 한국 교육뿐만 아니라 한국 사회 자체를 위태롭게 하고 있다. 지금까지는 고도성장기였기에 그 부작용이 크게 드러나지 않았을 뿐이다.

90년대까지 고속 성장했던 일본이 성장률 하락으로 인해 〈잃어버린 30년〉을 겪었듯이, 10%대의 고속성장을 거듭하던 중국이 5% 이하의 성장률을 기록하며 홍역을 치르고 있듯이, 한국도 본격적인 저성장 사회에 들어서자 그동안의 모순이 튀어나와서 모두를 짓누르고 있는 것이다.

기회도 과정도 결과도
실패한 K-교육

"한국 교육은 파쇼 교육이다. 인간은 평등하지 않고 민족에도 우열이 있다고 말한 히틀러식 파시즘 교육이 아직도 버젓이 이루어지고 있다.
우월한 자가 열등한 자를 지배하는 것을 정의라 부르는 교육!
인간의 존엄성을 키우는 게 아니라 '스펙'을 키우는 한국 교육!
이런 한국 교육을 12년 동안 받고 어떻게 민주시민이 나오겠는가? 파시스트들이 나오는 게 당연하지 않은가?"

중앙대학교 김누리 교수가 한 말이다.
그의 말대로 한국 교육은 남을 이기기 위한 교육이다. 과정은 사라지고 결과만을 추구하는 교육이다. "기회는 평등할 것입니다. 과정은 공정할 것입니다. 결과는 정의로울 것입니다."라는 문재인 대통령의 취임사는 적어도 교육에 있어서만큼은 공염불이 되고 말았다.

실제로 많은 학생들이 학교를 떠나고 있다. 10대 검정고시생이 3만 명을 넘었다.

EBS 다큐멘터리 〈교육격차〉에 출연한 학생들은 다음과 같이 말했다.

> "학교 안에서는 공부를 제대로 못 할 것 같다는 생각이 들어서 학교를 나와야겠다고 생각했습니다."
> "학교 자체가 이미 입시를 위해 거쳐 가는 곳이라는 생각이 사회에서 이미 그렇게 만연해졌고, 이게 공교육 붕괴의 핵심이에요."
> "대입만을 위한다면 고등학교는 없어도 된다고 생각해요."

학생들의 말 속에 답이 있다. 공교육이 왜 이 지경이 되었는지. 우리 사회가 교육을 어떻게 파괴해 왔고, 교육이 우리 학생들을 어떻게 망쳐 왔는지.

아직 늦지 않았다. 입시를 위한 교육이 아니라 학생을 위한 교육을 해야 한다. 공동체를 위한 교육, 바람직한 민주시민을 육성하는 교육을 시작해야 한다. 공교육은 결과가 아니라 과정을 위해 존재해야 한다. 공교육이 자신의 책무를 다하지 못해 입시학원화 되었다가, 이젠 그마저도 제대로 못하고 있는 상황을 그냥 둬선 안 된다.

학생은 학생대로, 교사는 교사대로, 학부모는 학부모대로, 국가는 국가대로 불안과 불만에 차 있는 상황! 지난 세기에 대한민국의 발전을 견인했던 교육이 국가와 국민의 발목을 붙잡고 있는 현실! 이런 현실을 더 이상 방치해선 안 된다.

지엽적인 처방으로는 문제를 해결할 수 없다. 사회의 구조와 사회적 보상체계부터 혁신해야 한다. 좋은 대학을 나왔다는 것만으로 사회적 보상을 독식하게 해선 안 된다. 학벌만이 성공의 조건이 되는 사회에서는 무슨 수를 써서라도 성적을 올리려고 발악(?)할 수밖에 없기 때문이다.

이것은 아주 크고 힘든 과제다. 사회적 합의는 물론이고 가치관과 사회구조까지 근본적으로 바뀌어야 하기 때문이다. 교육을 혁신하려면 사회부터 혁신해야 한다는 말이다. 수십 년 동안 야심차게 실시되었던 교육개혁이 대부분 실패한 이유가 여기에 있다.

그런데 2020년대 들어 변화의 바람이 불고 있다.
'좋은 대학에 진학해서 대기업에 입사하는' 한국식 성공공식이 흔들리기 시작한 것이다.

영혼 없는
학벌주의

얼마 전부터 대한민국 교육에 변화의 바람이 불어오기 시작했다. 청년들이 기술직이나 건설직, 블루칼라 일자리에 눈을 돌리기 시작한 것이다. '펜대 굴리는 직업'에 대한 우리 사회의 뿌리 깊은 선호를 고려하면 놀라운 일이 아닐 수 없다.

블루칼라 직종에 대한 처우와 임금을 높여주면 대한민국의 많은 문제가 해결되거나 완화될 수 있다는 시그널이 대한민국에도 나온 것이다.

미국과 유럽은 이미 그렇게 된 지 오래다. 힘들고 위험한 일을 하는 사람들이 더 많은 대가를 받는 게 당연하게 여겨지고 있다.

우리 사회도 그렇게 되어야 한다. 환경미화원이나 소방관, 간호사, 집배원, 건설 및 공장노동자들처럼 힘들게 일하는 사람들이 더 대우받아야 한다. 경제적인 대우는 물론이고 사회적인 대우도 좋아져야 한다.

만약 현장직이 사무직의 1.5배에서 2배를 버는 게 당연하다는 인식이 사회 전반에 퍼지면 어떻게 될까?

청년들이 시나브로 현장직으로 몰리게 될 것이다. 모두가 입사하고 싶어 하는 블루칼라의 대명사, 현대자동차 생산직만 봐도 알 수 있지 않은가? 환경미화원의 경쟁률이 높은 것도 좋은 예라고 할 수 있다.

그리고 '순살 아파트' 같은 부실시공도 줄어들 것이다. 먹고 살기 위해 어쩔 수 없이 하는 '노가다 김씨'가 아니라 '현장을 책임지는 건축가'라는 자긍심을 가질 수 있기 때문이다.

당신은 누가 지은 아파트에 살고 싶은가?

이렇게 되면 굳이 대학을 가지 않아도 된다. "4년 동안 수천만 원의 등록금을 줘 가면서 굳이 다녀야 되나? 그거 전부 기회비용인데?"라는 생각이 널리 퍼지게 될 것이다.

청년들은 힘든 일을 하기 싫어하는 게 아니다. 일은 힘든데 수입도 적고, 미래에 더 나아질 거라는 희망도 없기 때문에 안 하려는 것이다. 힘들기로 유명한 아이돌 연습생에 지원자가 몰리는 이유는 희망이 있기 때문이다.

부동산 가격이 안정화되고 일한 만큼 제대로 보상받을 수 있다면, 굳이 대기업에만 목맬 이유가 없다. 출생률 제고를 위해서라도 워라밸을 챙겨준다면 금상첨화일 것이다.

이러한 현상과 별도로 "대학에 꼭 가야 한다."는 생각 자체가 옅어지고 있다. 명문대의 대명사로 불리던 SKY(서울대·고려대·연세대)를 나와도 별 것 없다는 인식도 퍼지기 시작했다.

메가스터디 손주은 회장을 비롯한 많은 입시 전문가들과 자기계발 전문가들이 이구동성으로 말하고 있다.

> "이제 SKY조차도 (미래를) 보장해주지 않는다. 남은 건 의치
> 한(의대·치대·한의대)뿐이다. 이 세 개 빼고는 대학 나와봤자 의
> 미 없다."

그래서 앞에서 말했듯이 고등학교 1학년 때 자퇴했다가 재입학하기도 하고, 아예 학교를 그만두고 검정고시를 보기도 한다. 심지어 중학생들도 그런다고 한다.

그럼 〈의·치·한〉만 나오면 될까? 그러면 인생의 모든 고민이 사라질까?

그렇지 않다. 의대에 갈 수 있는 사람은 전체 수험생 중 극히 일부라는 사실은 차치하더라도, 고생 끝에 의사가 되었을 때 지금처럼 유망한 직업일지는 아무도 모른다. 2010년대만 해도 최고의 직업으로 꼽히며 엄청난 경쟁률을 자랑하던 공무원의 인기가 확 떨어진 것만 봐도 알 수 있다. 힘들게 공무원이 되었다가 그만두는 이들도 많고.

지금 10대가 의사로 제대로 활동하려면 최소한 20여 년이 필요하다. 지금도 망하는 의사들이 나오는데, 과연 그때는 어떨까? 의사는 무조건 큰돈을 번다는 공식이 그때도 유효할까?

1년 단위로 사회가 바뀌는데 10년, 20년 뒤의 사회가 어떤 모습일지는 아무도 모른다. 예컨대 기본소득이 지급되고 인공지능 로봇들이 노동의 대부분을 대체한 시대가 생각보다 빨리 올 수도 있다.

그런 시대가 되면 돈이 아니라 자아실현이 최고의 가치가 될 것

이다. 그렇게 개인의 행복을 추구하는 사회가 되어도 의사가 인기 직종일까?

설사 그렇다 해도 문제는 남는다. 단지 안정된 삶을 살 수 있다는 이유로 자신이 원하지도 않는 의학을 공부해서 의사가 된 경우, 평생 그 일을 하는 게 지겨울 수밖에 없다는 점이다.

목적과 결과를
혼동하지 말자

송해 선생님은 생전에 모 방송에서, 90년대만 해도 전국 노래자랑에 장애인이 출연하기 힘들었다고 말씀하신 적이 있다. 택시기사들이 장애인을 태우지 않으려고 해서 '교통약자용 택시'를 따로 만들어야 했던 시대였기 때문이다.

예전에는 버스 안에서 담배를 피울 수 있었다. 지하철 안에서 소매치기를 당하기도 했다. 여성비하·외모비하·인종비하 개그가 방송된 적도 많았다. 모두 지금은 상상하기 힘든 일이다.

이처럼 향후 10년, 20년 뒤에 세상이 어떻게 변해 있을지는 아무도 모른다.

인공지능과 로봇이 비약적으로 발전해서 일자리가 대폭 줄어들지도 모른다. 그런 미래가 과연 유토피아일까, 아니면 디스토피아일까? 유토피아까지는 아니더라도 지속 가능한 세상이기를 간절히 바란다.

대한민국의 장점이자 단점은 모든 게 빠르게 변한다는 점이다. 그러나 어떤 학과나 직업이 인기 있다고 해서 무작정 따라가면 이미 늦을 확률이 크다. 2022년까지만 해도 챗GPT를 비롯한 인공지능이 이렇게 핫 해질 줄은 아무도 몰랐다.

지금 프롬프트 엔지니어로 일하는 사람들은 학교에 다닐 때 자신이 그런 일을 할 거라고는 꿈에도 생각지 못했을 것이다. (프롬프트 엔지니어(Prompt Engineer)는 인공지능에게 지시를 내리기 위한 명령어인 프롬프트를 작성하는 전문가를 뜻한다. 얼마 전에는 억대 연봉을 받는 프롬프트 엔지니어가 등장했다.)

"변하지 않는 것은 모든 것이 변한다는 사실뿐이다."라는 말이 있다. 그러나 변하지 않는 것도 있다. 자신이 좋아하는 일을 오랫동안 열심히 하면 전문가가 될 수 있고, 전문가가 되면 적어도 먹고 사는 데 지장이 없을 정도의 돈을 벌 수 있다는 것이다.

즉 어느 분야에서 충분한 실력을 갖고 사회에 기여하면 돈은 자연히 따라오는 법이다. 어른들의 잔소리 같은 말이 아니라 실제로 그렇게 바뀌어 가는 것이 느껴질 정도라고 본다. 반대로 돈만 좇다 보면 오히려 돈을 많이 못 버는 경우가 많기 때문이다. 능력보다 기여가 보상받아야 하는 이유가 여기에 있다.

"이 치킨을 팔아서 돈을 벌어야지."라고 생각하며 치킨을 튀기는 사람도 있고, "손님들이 내 치킨을 맛있게 먹고 행복해지셨으면 좋겠다."라고 생각하며 치킨을 튀기는 사람도 있다. 당신은 어느 치킨을 먹고 싶은가?

돈은 결과일 뿐 목적이 될 수 없다. 이 점을 착각하기 때문에 모두가 열심히 사는데도 불행해지는 것이다.

반대로 모두가 이 사실을 깨닫는다면 우리 사회에 만연한 수많은 문제들이 시나브로 해결될 것이다.

예컨대 성적이라는 결과를 위해 공부하는 게 아니라 좋아하는 과목을 열심히 공부하다 보니 성적이 잘 나온다면?

학교가 그렇게 바뀐다면 학생의 스트레스가 훨씬 줄어들고 행복도가 높아지지 않을까?

기업 입장에서도 별 필요도 없는 스펙과 토익, 자격증만 주렁주렁(?) 매달고 있는 인재보다 저런 인재를 훨씬 더 선호할 것이다.

혁신과 창의가
사라진 대한민국

세상에 정답이란 건 없다. 한 가지 문제에는 무수한 '해답'이 있을 뿐, 평생 그 해답을 찾기도 힘든데, 나만 옳고 나머지는 다 틀린 '정답'이라니….

고(故) 채현국 이사장

창의성의 기본은 시행착오다. 시행착오는 목적 있는 실패, 즉 목표를 달성하기 위한 계획된 실패다. 소총의 영점조정이다. 영점을 조정할 때는 탄착군이 넓게 퍼져도 실패라고 하지 않는다. 최선의 결과를 찾아가는 과정이기 때문이다. '시련은 있어도 실패는 없는' 셈이다.

하지만 대한민국의 교육은 실패를 하지 않는 게 목표다. 실패가 없다는 말은 시행착오도 없다는 말이다. 시행착오가 없으면 성공할 수 없다. 유일하게 성공하는 방법은 정답이 정해져 있을 때뿐이다.

지금까지는 선진국이라는 정답이 존재했다. 하지만 더 이상 정답을 따를 수 없게 되었다. 우리도 선진국이 되었기 때문이다. 코로나 시기에 우리가 선진국이라 부르며 선망했던 국가들의 민낯이 드러나기도 했다. 한 마디로 우리가 알던 선진국은 없었다. 우리 머릿속에만 존재하는 이상화된 국가, 유토피아 같은 것이었다.

이제 우리 스스로가 해답을 찾아내야 한다. 아니, 해답이 되어야 한다. 이제까지 대한민국의 고속성장을 가능하게 했던 패스트 팔로우(Fast Follow) 전략은 수명을 다했다. 이제 우리가 직접 시행착오를, 계획된 실패를 경험해야 한다.

그런데 실패는 효율적이지 않다. 이미 존재하는 정답을 따르는 것보다 훨씬 비효율적이다. 시간과 비용이 훨씬 많이 들고 위험(리스크)까지 부담해야 하기 때문이다.

더 큰 문제는 정답이 있는지 없는지도 모른다는 점이다. 몇 달, 몇 년 동안 해온 것을 한순간에 뒤집고 새로 시작해야 할 수도 있다. 새로 시작할 기회가 주어지지 않을 가능성도 높다.

이와 같은 조짐은 이미 20여 년 전부터 있었다. 그때부터 교육을 개혁했어야 한다. 암기식 교육, 주입식 교육, 5지선다식 문제풀이 교육에서 벗어나 사고력과 창의력에 중점을 둔 교육을 했어야 했다.

선진국들, 특히 독일에서는 이미 수십 년 전부터 이런 교육을 해왔다. 그런데 선진국 따라하기 선수(?)였던 대한민국은 유독 그런 점은 배우지 않았다. 아니면 교육에 시장논리가 비교적 많이 적용되는, 그래서 공교육이 선진국치고는 엉망인 미국을 벤치마킹해서 그런 게 아닌지 의문이다.

　어쨌든 한국 교육은 창의교육으로 전환할 골든타임을 놓쳤다. 학생들은 인공지능 시대에도 주입식 교육, 문제풀이식 교육을 받고 있다. 학력고사에서 본고사로, 수능으로 바뀌었지만 경쟁에 기반한 능력주의(엄밀히 말해 점수주의) 교육이라는 본질은 바뀌지 않았다.

　이러한 교육 시스템은 이타적인 민주시민이 아니라 오직 자신의 안위만을 위하는 사람을, 창의력을 갖춘 인재가 아니라 점수따기 기술자들을, 자존감이 충만한 인재가 아니라 자신이 뭘 잘하고 좋아하는지도 모르는 '나약한 자아'들을 양산했다.

　시험점수 1점 때문에 승리자와 패배자로 나누어지고, 그것이 인생을 크게 바꾸는데도 아무도 이상하다고 생각하지 않았다. 오히려 그게 '공정하다는 착각'을 했다.

　그로 인해 청년들이 고통스러워하고 공동체가 혐오와 대립으로 몸살을 앓아 왔으며, 결혼과 출산까지 포기하게 만듦으로써 국가의 존립까지 위태롭게 만들고 있는데도 그랬다.

　왜냐하면 그것이 자본의 논리, 강자의 논리, 기득권의 논리였기 때문이다.

ZERO TO ONE
: 무에서 유를 창조하라

아이러니한 것은 결국 자본이, 구체적으로 말하면 기업들이 가장 큰 피해를 입고 있다는 점이다. 사고력과 창의력을 키워주기는커녕 있던 창의력도 찍어 눌러 버리는 교육을 12년이나 받은 청년들이 어떻게 새로운 제품이나 플랫폼, 또는 서비스를 개발할 수 있겠는가?

다시 말하지만 예전에는 그래도 괜찮았다. 선진국이 하는 걸 더 빠르고 효율적으로 따라 하면 되었으니까. 예를 들어 반도체, 2차전지, 디스플레이 모두 미국이나 일본에서 시작된 것들이다.

우리 기업들이 양산을 잘하니까, 수율과 효율이 좋고 납기를 잘 맞추니까 우리에게 맡겼다. 이것이 바로 글로벌 공급망(Global Supply Chain)이었다.

물론 우리나라 기업들도 뛰어난 기술력과 경쟁력을 갖고 있다. 세계 최초라는 수식어는 아직 부족하지만, 질 좋은 상품을 많이 만드는 '양산 능력'만큼은 세계 최고이다.

　그런데 이러한 글로벌 체인이 흔들리고 있다. 여러 가지 이유가 있지만 주로 중국 때문이다. 이로 인해 대한민국의 저성장 기조가 완전히 굳어졌다. 피터 자이한(Peter Zeihan)은 한국식 수출주도경제가 30년 내로 끝난다고 단언한 바 있다.

　선진국이자 선도국이 된 대한민국이 살아남기 위해서는 새로운 경제, 새로운 사회, 새로운 교육을 시작해야 한다. 문제점을 개선하는 수준이 아니라 발상을 완전히 전환해야 한다.

　교육의 경우 능력주의 입시교육이 아니라 민주시민이 되기 위한 토론교육과 비판교육으로 축을 완전히 이동시켜야 한다. 학생 스스로 자신의 개성과 재능을 발견하고 발전시켜 나갈 수 있게 해주어야 한다.

　이것은 인공지능 시대에 생존하기 위한 최소한의 조건이기 때문이다. 주입식 교육, 암기식 교육으로 아무리 배워봤자 인공지능 발끝도 못 따라갈 것이다. 인공지능과 경쟁할 필요도 없고 그래서도 안 되며, 그럴 수도 없다. 자동차와 달리기 시합을 하는 사람은 없지 않은가? 인공지능은 인간을 돕는 도구일 뿐이다.

　우리 교육은 아직도 정답을 맞히는 교육이다. 시를 읽으면서도, 수필을 읽으면서도 정답을 찾고 있다. 짧게는 12년, 길게는 20년 가까이 문제집만 풀다가 졸업한 청년들에게 창의력과 도전정신을 기대하는 건 너무 뻔뻔하지 않은가?

　지금이라도 교육개혁을 시작해야 한다. 창의력과 사고력이 중요하다고 말로만 떠들지 말고, 교육의 근본을 바꿔야 한다. 문제를 푸는 연습이 아니라 문제가 무엇인지 스스로 찾아내는 연습을 해야 한다.

이를 위해서는 사물과 현상, 지식과 개념을 의심하고 비판할 줄 알아야 한다. 그런 인재만이 인공지능 시대에 살아남을 수 있고, 그런 인재를 많이 보유한 국가만이 발전할 수 있다.

앞에서 말했지만 대한민국은 더 이상 패스트 팔로워(Fast Follower)가 아니다. 우리 스스로 무에서 유를 창조해야 한다. 이를 위해서는 혁신적인 기업들이 쏟아져 나와야 한다. 자본주의는 결국 기업들을 중심으로 돌아가기 때문이다.

미국이 현재를 지배하는 이유는 미래를 창조하고 있기 때문이다. 미래를 선도하는 최고의 혁신기업들과 가슴 뛰는 비전을 제시하는 기업가들을 가장 많이 보유하고 있기 때문이다.

진부한 말이지만 창의적인 인재를 키워야 한다. 이를 위해서는 교육이 가장 크게 바뀌어야겠지만, 실패를 성장의 밑거름으로 삼을 수 있는 사회 시스템도 그에 못지않게 중요하다. "성공하면 우리의 자랑, 실패하면 너만 낙오자"라고 하는 사회에서는 도전이야말로 사치다.

운동선수들이 수많은 패배를 통해 베테랑 선수로 성장해 나가듯이, 실패를 자산으로 삼아 재도전할 수 있을 때만이 창의적이고 혁신적인 시도를 계속할 수 있다. 실패에 대한 안전망을 깔아두고 성공할 경우 하늘 끝까지 날아오르게 해주는 사회, 그런 사회만이 급변하는 미래에 생존할 수 있다.

지도자와 생존자,
그리고 낙오자

나는 미국도 중국도 아닌 독일식 교육이 좋은 모델이 될 거라고 생각한다. 독일의 대학진학률은 30%에 불과하다. 대학을 안 가도 충분히 먹고 살 수 있기 때문이다. 대학에 안 갔다고 해서 무시하거나 조롱하는 풍조도 없다. 오히려 "고졸은 벤츠를 타고 대졸은 골프를 탄다."는 말까지 있다고 한다. (유럽에서 골프는 중산층과 서민을 주요 고객으로 하는 자동차 모델이다.)

대한민국이 여기까지 가는 건 바라지도 않는다. '대학을 가야 정상적인 취업이 가능하고 대학을 나와야 사람 대접을 받는' 사회 일각(?)의 편견이 확 줄어들기만 해도 좋겠다. 교육개혁이 수십 년 동안 계속 실패하는 이유가 여기에 있기 때문이다.

"대학은 공부할 사람만 가는 곳이고 고등학교만 졸업해도 기술만 확실하면 잘 먹고 잘 살 수 있다."는 독일식 분위기가 확립되면 지금처럼 주입식 교육에 집착할 필요가 없어질 것이다. 민주시민을 기르는 교육, 학생 한 사람 한 사람의 적성과 자아를 찾아주는 교육을 제대로 시작할 수 있을 것이다.

청소년들이 하루에 16시간씩 공부하지 않아도 나라는 안 망한다. 책상 앞에 앉아 책의 내용을 머릿속에 욱여넣는 것만 공부라는 선입견에서 벗어나야 한다. 중고등학생들이 다양한 시행착오를 거칠 수 있는 시간과 여유를 줘야 한다.

독일은 주입식 교육을 지양하고 토론교육과 정치교육, 비판교육을 수십 년간 해왔는데도 세계 최상위권의 국가경쟁력을 보유하고 있지 않은가?

특히 인공지능 시대의 인간은 다른 방향으로 볼 줄 알고, 비판적으로 생각할 줄 알아야 한다. 그래야 개선점이나 문제점을 찾아낼 수 있기 때문이다. 문제를 스스로 찾아내서 독창적으로 개념화할 수 있어야 인공지능에게 올바른 질문을 할 수 있고, 그렇게 해서 도출된 해답을 대중과 사회, 서비스와 콘텐츠, 상품과 플랫폼에 적용할 수 있다.

이 모든 과정에서 주체적인 사고력과 고도의 창의력이 요구된다. 챗GPT나 미드저니를 써본 분들은 알겠지만 인공지능에게 어떻게 문제를 내느냐에 따라 결과가 판이하게 바뀐다.

앞으로는 이렇게 할 수 있는 사람과 못하는 사람으로 나누어질 것이다. 할 수 있는 사람이 많은 국가는 흥하겠지만 시대의 흐름을 읽지 못하고 구태의연한 주입식 교육만 하는 국가는 쇠퇴할 것이다.

초기 산업화 시대에는 대량생산이 가능한 기계를 소유한 인간이나 국가가 세계를 지배했다. 후기 산업화시대에는 금융을 소유한 자가 세계를 제패했고, 초기 정보화시대에는 정보와 네트워크, 플랫폼을 가진 자들이 부상했다.

후기 정보화시대로 이행하는 지금은 정보, 즉 데이터와 그 데이터에 기반을 둔 인공지능이 경쟁력의 핵심이 되고 있다. 하지만 대한민국 교육은 정보화 시대는커녕 산업화시대 중에서도 초·중기에 머물고 있다.

그런데도 교육의 판을 엎는 개혁은 아직도 요원하다. 그 피해는 청년세대가 고스란히 짊어져야 한다. 지금 이 순간에도 구닥다리 교육을 받고 있는 학생들이 사회에 나오는 10년, 20년 뒤에는 이러한 '교육적 지체 현상'이 훨씬 심각해지고 있을지도 모르는 일이다.

인공지능 튜터가 도입된다고 해서 미래지향적 교육이 아니다. 스스로 생각하고 판단할 줄 아는 비판적 인간, 독창적인 관점과 민주적인 사고를 가진 유연한 인간을 길러내야 한다.

"많은 지식을 가지고 문제를 효율적으로 해결하는" 20세기적 인간을 기르는 교육을 당장 중단해야 한다. 그건 인공지능이 훨씬 더 잘하기 때문이다. 인공지능 기술이 아직 초창기인데도 그렇다.

미국의 기업가 레이 노르다(Ray Noorda)는 이렇게 말했다.

"변화를 일으키는 자는 (시대와 사회와 인간을) 리드할 수 있고, 변화를 받아들이는 자는 생존할 수 있지만, 변화에 저항하는 자는 죽는다.(Cause change and lead; accept change and survive; resist change and die.)"

교육이 바뀌어야
세상이 바뀐다

지금 '성적에 방해된다'라며 안 하고 있는 토론 교육, 비판 교육, 정치 교육 등이 새로운 시대에는 가장 중요한 교육이 될 것이다. 아니, 이미 그렇게 되고 있다.

하지만 대한민국의 교육은 정확하게 반대로 하고 있다. 머리가 굳지 않은 아이들을 교실에 가둬 놓은 다음, '털 뽑고 비늘 긁어내고 모난 부분 쳐내서' 둥글게 만드는 것이다. 이것이 교육이고 사회화라고 착각하고 있다.

그나마 저출생으로 학생 수가 줄어드는 바람에 옛날보다는 덜 비인간적이다. 60명 넘는 학생들이 콩나물 시루 같은 교실에서 끔찍한 구타를 당하며 한밤중까지 붙잡혀 있던 시절보다는 낫다는 말이다.

그 시절 교사들은 "애들을 집에 일찍 보내주면 쓸데없는 짓이나 하고 다닌다."는 이유로 학교에 붙잡아 두었다고 한다. 이런 엽기적인 '교육'이 외국 매체에서 이슈가 되었던 적도 있었다.

지금도 '그때 그 시절'과 본질은 똑같다. 능력주의·점수주의에 입각해서 패배자를 양산한 다음, 승자에게는 과분한 보상을 몰아주고 패자에게는 잔인한 낙인을 찍어버리는 교육. 사탄조차 "우리 업계에서도 이건 아닙니다."라며 고개를 절레절레 내저을 만한 교육이 지금 이 순간에도 버젓이 자행되고 있다.

이것은 장점과 개성, 창의력과 사고력, 민주성과 이타성을 키워주는 〈플러스 교육〉이 아니라 개성적이거나 특별한 부분을 잘라내고 다듬는 〈마이너스 교육〉이다. 이러한 교육을 순순히 따라오는 놈들만 골라내서 기업들 앞에 줄세우는 〈쭉정이 교육〉이기도 하다. 그런데도 대학교와 대학교수들, 대학생들, 학부모 대부분은 문제의식조차 없는 것 같다.

학생의 미래를 위한 교육이 아니라 기업을 위한 교육을 하고 있다. 중고등학교는 입시(入試) 학원화되고 대학교는 입사(入社) 학원화되었다. 이렇게까지 했는데도 기업들은 갈수록 뽑을 인재가 없다며 아우성을 치고 있다. 세상에 이런 블랙코미디가 어디 있단 말인가?

이런 식이면 대한민국의 미래는 없다. 일본처럼 잃어버린 10년, 20년, 30년을 겪으며 서서히 침몰할지도 모른다. 그러니 제발 교육만은 일본과 다른 길을 갔으면 좋겠다. 우리에게 꼭 맞는 교육개혁이 최선이지만 교육 선진국을 벤치마킹해도 좋을 것이다.

대한민국을 바꾸기 위해서는 정치가 바뀌어야 하고, 정치가 바뀌어야 교육이 바뀐다. 학부모와 학생과 학교(교사)를 분리해서 생각할 수 없는 것처럼, 이 세 가지도 동전의 양면처럼 연결되어 있다.

교육이 바뀌어야 정치가 바뀌고
정치가 바뀌어야 세상이 바뀐다.

망국의 소용돌이에서
희망을 찾자

〈내가 배워야 할 모든 것은 유치원에서 다 배웠다〉는 책이 있다. 유치원에서 친구들과 장난감, 화장실을 나누어 쓰면서 '자원의 분배'를 배웠고, 자신이 갖고 논 물건은 스스로 치우면서 '환경보호'를 배웠으며, 씨앗을 키우면서 '생명의 탄생과 성장, 그리고 죽음'을 배웠다는 내용이다.

'옳게 된' 교육은 응당 이래야 한다. 하지만 우리나라 청소년들은 유치원은커녕 고등학교를 졸업할 때까지 이런 것들을 못 배우고 졸업한다. 그렇게 공부를 열심히 하는데도 정작 살아가는 데 꼭 필요한 것들에 무지한 것이다.

직장과 가정에서 제대로 커뮤니케이션하는 법, 토론하는 방법, 무례한 사람을 대하는 법, 실패했을 때 자존감을 잃지 않는 법, 다른 사람과 함께 무언가를 완성하는 방법 등등... 한 사람의 사람으로서, 성인으로서, 사회인으로서 살아가기 위한 〈기본기〉를 전혀 못 배운 채로 사회에 내던져진다.

불과 20~30년 전만 해도 동네 어른들이 육아와 훈육에 참여했다. 온 동네가 함께 가르치고 말을 듣지 않으면 따끔하게 혼을 냈다고 한다. 하지만 이제는 그러면 큰일 난다.

그렇다고 국가나 학교가 그런 역할을 하는 것도 아니다. 부모들도 바쁘다. 맞벌이가 반쯤 필수가 되어버렸기 때문이다. 조부모들은 체력이 달린다.

학부모는 학교에서 가르쳐야 한다고 주장하고, 학교는 가정에서 해야 하는 가정교육이라고 떠넘긴다. 국가나 사회가 가르쳐 주지도 않는다. 온 마을이 함께 아이들을 가르치고 훈육하던 전통은 호랑이 담배피던 시절의 판타지로 느껴진다.

"아이는 온 세상이 함께 키워야 한다"는 진부한 말을 하고 싶진 않다. 그러나 지금은 모두가 손을 놓고 있다. 부모들은 바빠서, 학교는 학원화된 데다가 조금만 마음에 안들면 고소하는 학부모와 학생들 때문에, 국가와 사회는 애초에 아무 생각이 없어서, 〈바람직한 민주시민을 양성하기 위한 창의적 인성교육〉이 이뤄지지 않고 있다.

하지만 이런 이야기를 하는 사람들이 오히려 '멋모르는 사람' 취급을 받는다. 현실을 모르는 이상주의자라고 비웃음당하기도 한다는 것이다.

결국 초등학교 때는 동네 태권도장이, 중고생이 되어 머리가 굵어진 뒤에는 유튜브와 SNS, 커뮤니티가 사회화와 실용교육, 인성교육까지 담당하게 된다. 〈내가 알아야 할 모든 것은 인터넷에서 배웠다.〉가 되는 것이다.

하지만 높은 확률로 정상적인 '교육'이 이루어지지 않는다. 교육 기관이 아니니까 당연하다.

교육이 잘못되면 사람이 병들고,
사람이 병들면 사회가 무너지며,
사회가 무너지면 교육이 잘못된다.

이러한 〈망국(亡國)의 악순환〉에서 벗어나기 위해서는 무엇부터 시작해야 할까?

내 생각에는 교육부터 시작하는 게 좋을 것 같다.
사회를 바꾸는 것이 교육을 바꾸는 것보다 어렵고,
사람을 바꾸는 것이 사회를 바꾸는 것보다 어렵기 때문이다.

교육을 뒤엎어야
출생률이 오른다

정부는 천문학적인 예산을 투입하며 출생률 제고를 꿈꿔 왔다. 그러나 출생률은 반등의 기미조차 없이 추락하고 있다.

병을 치료하기 위해서는 제대로 된 진단이 먼저이지만, 우리는 일단 처방을 한 후 진단을 하는 셈이다. 낮은 출생률 자체를 문제로 보고, '아이 낳으면 돈 줄게'라는 근시안적 대책으로만 접근하니 예산은 예산대로 쓰고, 효과는 미미한 것이다.

정부가 주는 돈 몇 푼 때문에 결혼하고 2세를 가질 젊은이는 없다. 낮은 출생률은 우리 사회의 전반적인 문제가 만들어 낸 합작품이라는 사실부터 인식해야 한다. 문제점을 해결하는 건 그 다음이다. 병을 치료하기 위해서는 우선 병명을 정확히 알고 병의 원인을 뿌리부터 치료해야 한다. 증상만 고치는 대증요법으로는 병을 고칠 수 없다.

우리 사회에 뿌리 깊게 자리잡은 능력주의 문화도 중요한 원인

중 하나다. 혹독한 경쟁을 통과해서 대학생이 된 청년들은 명시적으로 든 묵시적으로든 보상심리를 가지고 있을 것이다. 그래서 알게 모르게 조건을 따지게 되었을 터.

실제로 블라인드를 비롯한 각종 커뮤니티를 보면 썸남이나 썸녀와 '급'이 맞는지 봐달라는 글이 드물지 않다. 연애할 때조차 서로의 급을 보는데 결혼할 때는 얼마나 심하겠는가?

나보다 〈급〉이 낮으면 연애도, 결혼도 안 하겠다는 생각이 만연해 있다. 배우자를 선택하기 위해 더욱 신중하고 까다로워진 느낌이다.

이러한 생각들이 부동산 문제나 수도권 집중 문제, 비정규직 문제만큼이나 출생률을 떨어뜨리고 있다고 나는 생각한다.

"나는 나 자신의 능력으로 지금의 직장과 지위를 쟁취했다. 이런 나의 노력에 상대방이 무임승차하는 건 참을 수 없다."라는 능력주의적인 마인드가 남녀의 연애와 사랑까지 힘들게 만들고 있는 셈이다.

이런 추세가 계속된다면 우리나라의 출생률은 절대로 오를 수 없다. 부동산이나 현금을 안겨줘서 되는 문제가 아니기 때문이다.

그러면 어떻게 해야 할까?

우선 결혼에 대한 인식부터 바꿔어야 한다. 동거와 혼외출산을 지나치게 악마화·터부시하지 말고 외국처럼 다양한 결혼 형태를 인정한다면 결혼에 대한 부담도 줄어들 수 있을 것이다. 실제로 많은 선진국들은 혼외자녀의 비율이 우리나라보다 훨씬 높다. 열 배 이상인 경우도 있다. 결혼하지 않아도 큰 부담 없이 아이를 낳을 수 있고 육아에 대한 지원도 다양하다. 경력단절에 대한 걱정도 훨씬 덜하다.

우리도 제도적·사회적·문화적으로 이렇게 나아가야 한다. 출생률 이전에 혼인율 자체가 너무 낮기 때문이다. 혼인율을 끌어올리기 힘들다면 결혼 없이도 출산할 수 있게 만들어주면 조금이라도 나아지지 않겠는가?

불륜이나 미혼모를 양산하자는 게 아니다. 조건이나 미래를 걱정하지 않고 연애와 동거, 출산을 좀 더 자유롭게 할 수 있도록 해줘야 한다는 말이다.

핵심은 어린이가 어떤 조건에서 태어났는지와 상관없이 양질의 교육을 받을 수 있게 해주는 것이다. "모든 아이들은 자신이 먹을 것을 가지고 태어난다. 그러니까 걱정하지 말라."는 오래된 격언을 현실로 만들어야 한다.

다시 말하지만 아이를 낳고 키우는 것이 엄청난 희생을 각오한 일이 되지 않아야 한다. 어머니에게도 그렇고 아버지에게도 그렇다. 아직도 출산으로 인한 경력단절 문제가 해결되지 않았다. 아이를 낳는 부부에게 눈치를 주거나 출산휴가를 제한하는 직장도 있다.

다른 사람은 몰라도 나는 이렇게 말할 수 있다. 왜냐하면 나 자신이 이 문제의 당사자이기 때문이다.

나는 국회 대정부질문에서 한덕수 총리께 이렇게 요청했다.

위장 미혼이라는 얘기 들어 보셨습니까, 결혼 페널티? 미혼일 때가 훨씬 더 혜택이 좋습니다. 결혼하면 오히려 페널티를 받아요. 총리님! 청년들 결혼하라고, 출생률 올리라고 막 이야기하는데 정책은 하나도 못 따라가고 있습니다. 결혼식을 하고 나서도 요즘 트렌드는 절대 혼인신고 안 합니다. 혼인신고 하면 바보 취급받아요. 페널티가 너무 심해서요.

완전히 바뀌어야 한다. 지금보다 훨씬 큰 이득과 혜택을 줘야 한다. 그래도 출생률이 오를까 말까인데 다들 너무 안일하게 생각하고 있다.

진부한 표현이지만 "특단의 조치가 필요하다."
더 이상은 미룰 수 없다.

아기 바다거북이의
꿈

　　수만 마리의 아기 바다거북이들이 바다로 달려가는 다큐멘터리를 본 적이 있다.

　　코요테와 바다새들이 몰려와서 작은 바다거북이들을 잡아먹었다. 수많은 아기 바다거북이들이 그들에게 잡아먹히거나 힘이 다해서 모래사장에 주저앉았다. 물론 그 바다거북이들도 포식자들의 먹이가 되었고.

　　아기 바다거북이들이 모래사장을 가로지르는 동안은 말 그대로 무방비 상태다. 아무것도 그들을 보호해주지 않는다. 몸집도 작고 등껍질도 여리다. 포식자의 이빨이나 부리를 피할 곳도, 막을 방법도 없다.

　　그래서 모래사장을 가로질러 바다에 도착하는 확률은 30% 이내이고, 바닷속 포식자들을 피해서 성체로 성장하는 비율은 1% 이하라고 한다.

대한민국 교육이 딱 이런 식이다. 아기 바다거북이들, 즉 학생들이 모래사장을 건너는 동안 제대로 된 보호를 해주지 않는다. 사회에서 생존하기 위한 교육도 해주지 않는다는 뜻이다.

최소한의 근로기준법, 사기 안 당하는 법, 계약서 쓰는 법조차 안 가르쳐주고 사회로 내보내는 것이다. 기성세대의 말대로 세상이 약육강식의 정글이라면, 적어도 서바이벌 키트라도 줘야 하지 않겠는가? 최소한의 생존법은 가르쳐서 사회에 내보내야 한다는 말이다.

아무런 대비도 없이 사회에 나오다 보니 하이에나 같은 자들의 먹잇감이 되곤 한다.

얼마 전에 수많은 국민들의 공분을 자아냈던 전세 사기가 있었다. 그 사건의 피해자들도 상당수가 청년세대였다. 혹독한 취업난을 뚫고 간신히 취업해서 사회초년생이 되어 알뜰살뜰 모은 전 재산을 허무하게 날려버린 것이다. 게다가 대부분이 은행대출까지 받은 상태였다.

사기꾼들은 등기부등본의 허점과 전세등기 제도의 허점을 빠삭하게 꿰고 있는데, 피해자들은 기본적인 계약법조차 배우지 못했다. 제도상의 허점들은 국가가 나를 보호해주지 않는다는 배신감과 절망감마저 주었다.

기득권과 일부 기성세대는 적자생존과 승자독식의 비정한 룰에 지배당하는 지금의 대한민국을 얼렁뚱땅 긍정하고 있다. 그러면서 슬그머니, 아니 노골적으로 청년들의 주머니를 털어간다.

심지어 전세 사기 이후에 제정된 법률이나 제도도 미적지근하고 모호했다. 임대인도 보호해야 한다는 명목이었다.

지금이라도 실생활에 필요한 교육을 해야 한다. 단지 실용적인 지식을 얻는다는 의미뿐만 아니라, 18세만 되어도 성인으로 취급받으며 자신의 생활을 스스로 판단해서 경영해 나갈 수 있게 해줘야 한다.

수천 킬로미터를 헤엄쳐서 고향에 돌아온 어미 바다거북이는 50cm 깊이의 구덩이를 파고 100~200개의 알을 낳는다. 이때 구덩이의 온도가 29.7도보다 높으면 암컷이, 낮으면 수컷이 된다고 한다.

구덩이 속에서 부화한 아기 바다거북이들은 구덩이를 벗어나기 위해 힘을 합친다. 구덩이의 맨 위에 있는 아기들은 천장을 뚫고, 중간에 있는 아기들은 벽을 허물고, 맨 밑에 있는 새끼들은 떨어지는 모래를 밟아서 다진다. 그렇게 1주일 동안 노력해서 두꺼운 모래지붕을 뚫고 모래사장으로 나올 수 있다.

이때 먼저 가는 건 중요하지 않다. 좀 느리더라도 올바른 방향으로, 다 함께 가는 게 중요하다. 도시의 조명을 바다에서 반사되는 햇빛으로 착각하고 반대로 가다가 죽는 경우도 많기 때문이다.

청년들도 아기 바다거북이들처럼 힘을 모아야 한다. 경쟁이 아니라 연대가 필요하다. 순응하지 말고 항의하고 분노해야 한다. 나만 먼저 나가려고 하지 말고 모두가 함께 탈출할 수 있도록 협동해야 한다. 그래야 내가 살 확률이 높아진다.

최근 바다쓰레기와 플라스틱의 증가로 아기 바다거북이들이 많이 죽어가고 있다. 플라스틱을 먹이로 착각해서 먹고 죽는 것이다. 어떤 바다거북이는 몸속에 100개가 넘는 플라스틱 조각이 들어 있었다고 한다.

청년들도 마찬가지다. 자신에게 해로운지 이로운지도 모르고 받아들이는 경우가 많다. '일부' 반사회적인 커뮤니티에서 잘못된 정보와 견해를 갖는 것이 대표적이다.

청년과 바다거북이가 처한 환경은 계속해서 악화되어 왔다. 이제는 그들의 목숨마저 위협할 정도이다.

바다거북이들도 대한민국 청년들도, 부디 무사히 바다에 닿아 멋진 어른이 되기를, 두 손 모아 간절히 기도해본다.

능력주의를 넘어
기여주의로

예전에는 인재를 선발하는 기준이 과거제뿐이었다. 몇 년에 한 번씩 한양에 모여서 시험을 치고, 그 결과에 따라 관리 등용 여부가 결정되었다.

현대인의 시각으로 보면 후진적이고 봉건적인 제도처럼 보인다. 하지만 원래는 과거제도야말로 선진적인 제도였다. 혈통보다 능력을 중시하는 제도였기 때문이다.

혈통에 의해 뽑던 고대의 인재선발 방식이 향거리선제로 조금 개선되었다가, 삼국지로 유명한 후한시대에 위나라의 진군(陳群)이 구품관인제(九品官人制)를 건의해서 조조의 아들 조비가 실행하기 시작했다.

그후 수백 년 뒤에 수나라 태조인 문제(文帝)가 과거제로 한층 발전시켰다. 이와 같이 과거제도는 좋은 인재를 확보하기 위한 고민과 혁신의 결과였다.

지금보다 오히려 나은 측면도 있었다. 적어도 4지선다나 5지선다가 아니라 서술형, 주관식 시험이기 때문이다. 그러나 시험이라는 본질은 같았다. 0.1점 차이로 운명이 바뀌고, 시험 성적으로 인생이 완전히 바뀌는 것 말이다.

생각해 보자. 경찰이나 소방관 등의 공무원을 시험으로만 뽑는 것이 맞는 걸까? 지금처럼 시험지에 인쇄된 객관식 문제를 잘 푸는 사람에게 공무원 자격을 줘도 되는 걸까?

지금과 같은 형태의 공무원 시험이 아니라 인성, 체력, 문제해결능력, 공무원으로서의 각오, 문제해결능력과 순발력, 적극성, 용기 등을 직접적으로 평가 및 시험하는 게 맞지 않을까?

1차 테스트를 통해 선발 인원의 2~3배수를 뽑은 뒤, 몇 주에서 몇 달 동안 정말로 사명감 있고 적성에 맞고 잘하는 사람을 뽑아야 했다. 만약 이렇게 했다면 경찰에 대한 사회적 인식이 지금보단 훨씬 좋았을 것이다.

지금의 공무원 시험(경찰시험)은 암기력이 좋은 사람이 유리한 구조다. 머릿속에 얼마나 많은 지식을 가지고 있는지가 당락의 기준이기 때문이다. 대부분이 이 자체에 대해 의문을 품지 않았다.

하지만 조금만 생각해 보면 뭔가 이상하다는 걸 알 수 있다. 우리가 시험과 시험점수, 등수와 등급에 워낙 익숙해져 있어서 깨닫지 못했을 뿐이다. 이제까지는 고도발전 시기라서 불가피한 측면이 있었다. 최소한의 자격이 있는 사람을 빠르고 효율적으로 뽑아야 했으니까.

하지만 고성장은 끝났다. 국가와 국민 모두 6.25 이후 처음 맞는 저성장 기조에 적응해야 한다. 정치적으로는 87년 체제가, 경제적으로는 88년 올림픽 이후의 장기 고성장이 끝났다는 뜻이다. 한 세대(30년)

동안 이어졌던 '성장에 대한 믿음'이 무너지고 있다.

지금의 청(少)년들이 세상을 보는 관점은 기성세대와 많이 다르다. 일본 기업들이 세계를 석권했던 버블시기에 청년기를 보낸 일본 중장년층과 그 이후 세대가 많이 다른 것처럼 말이다.

이것은 분명히 위기다. 〈누가 내 치즈를 옮겼어?〉라는 책에 나오는 것처럼, 커다란 치즈가 하루아침에 사라져버린 것과 비슷한 상황이니까. 하지만 잘 활용하면 오히려 전화위복의 계기로 삼을 수 있다. 지금까지 고성장을 핑계로 적당히 넘어가던 것들이 불가능해지기 때문이다.

이제는 본질과 근본에 대해 고민해야 한다. 관행이라는 이름으로 유지되는 낡은 판을 뒤엎어야 한다. 지금부터라도 능력이 아니라 실력을, 점수가 아니라 기여와 업적을 기준으로 삼아야 한다. 시험점수가 높은 사람이 아니라 국가와 사회에 기여하는 사람에게 기회가 주어져야 한다.

한 마디로 능력주의 이데올로기에서 벗어나야 한다. 그래야만 "기회가 평등하게 주어지고, 과정이 진정으로 공정하며, 결과도 정의로울 수" 있다.

구시대의 막차가 될 것인가
새시대의 첫차가 될 것인가

다윈이 주장한 〈적자생존의 원칙(Survival of the Fittest)〉은 가장 강한 자가 살아남는다는 뜻이 아니다. 환경에 가장 적합한 자가 살아남는다는 뜻이다.

인재를 뽑을 때도 이 원칙을 제대로 적용했어야 했다. 가장 똑똑하고 시험점수가 높은 사람이 아니라 그 직무(job)에 가장 적합한 인재를 뽑았어야 한다는 말이다. 그 기준과 방식이 능력주의에 입각한 시험점수가 아님은 물론이다.

앞에서 살펴본 것처럼 동양 사회는 처음에는 출신 성분, 즉 혈통을 기준으로 인재를 선발했다. 신분이 곧 보상의 기준이었던 셈이다. 그러나 이러한 음서제는 많은 모순을 가지고 있었기에 인품과 평판을 기준으로 삼는 향거리선제 등으로 바뀌었다가, 구품중정제를 거쳐 과거제로 발전해 나갔다.

과거제 역시 많은 한계를 내포하고 있었지만 서양에 의해 근대화되기 전까지는 중앙집권화된 제국의 인재선발 및 보상체계로서 큰 문제없이 작동했다. 과거제가 2천 년 가까이 유지되어 왔다는 것, 그 자체가 바로 증거이지 않을까 싶다.

지금 우리가 공정하다고 생각하는 〈능력주의〉 선발 제도 역시 지금까지는 큰 문제없이 작동했다. 6.25 전쟁의 잿더미 위에서 최대한 빨리 국가를 재건해야 했기 때문이다. '개인의 신분이 아니라 능력을 기준으로 삼는다'는 뜻을 가진 능력주의가 처음에는 혁신적이었던 것처럼, 낮은 수준의 산업사회와 민주사회에서는 점수로 사람을 평가하고 선발하여 기회와 보상을 몰아줘도 큰 문제가 없었다.

하지만 세상이 완전히 달라졌다. 웬만한 아프리카 빈국들보다도 가난했던 대한민국은 웬만한 선진국들 못지않은 사회·경제·문화적 역량을 갖추게 되었다. 특히 문화적 역량은 한류라는 이름으로 기대 이상의 성과를 거두었다.

그러자 이제까지 혁신의 아이콘이었던 것들이 국가와 국민의 발목을 잡는 낡은 제도이자 프레임이 되어버렸다. 우리나라가 워낙 빨리 바뀌다 보니 기성세대도, 청년세대도 현상을 제대로 인식하고 파악하지 못한 상태에서 인공지능이니 뭐니 하는 〈4차 산업혁명〉까지 들이닥친 상황, 그래서 모두가 우왕좌왕하는 상황, 이것이 바로 지금의 대한민국의 상황이다.

이것은 정치도 마찬가지다. 과거 봉건주의와 군사독재를 타파하며 새로운 시대를 화려하게 열어젖힌 세대들은 이제 그들이 정치와 경제 등 모든 면에서 기득권이 되어 버렸다는 평가를 받고 있다. 심지어 청년세대가 극복해야 할 대상이 되어버린 것이다.

아이러니하지만 인류 역사에서 수없이 반복되어 온 현상일 뿐이다. 아무리 혁신적인 체제도 자체의 모순으로 인해 새로운 체제로 교체되는 것, 그것이 바로 역사 진보의 한 형태이다. 다른 점이 있다면 인류의 변화의 속도와 진폭이 훨씬 크고 빨라졌다는 것뿐이다.

전설적인 역사학자 아놀드 토인비는 "세계 지도에서 사라진 수많은 나라는 대부분 내부의 적에 의해 멸망했다."라고 말했다. 이 말의 진정한 의미는 내부의 배신자를 조심하라는 뜻이 아니라, 내부의 모순이야말로 국가를 멸망으로 이끄는 진짜 이유라는 뜻이라고 생각한다. 어쩌면 지금 이 순간, 대한민국도 바로 그런 시기와 상황에 처해 있는지도 모른다.

청년들이 새로운 대한민국을 만들어야 한다. 모순으로 가득 찬 현실을 딛고 일어나 더 높은 단계로 도약해야 한다. 그러면 적어도 30년 동안은 살기 좋은 나라, 질적으로 성장하는 나라가 될 수 있을 것이다.

성찰해야 성장하고
비판해야 성공한다

초등학교 때부터 토론교육과 비판적인 사고력을 키워주는 교육, 민주주의자를 길러내는 정치교육을 시작해야 한다.

하지만 현실은 반대다. 정치교육을 죄악시하거나 시대착오적이라고 생각한다. 학생은 공부만 하면 된다며 쓸데없는 짓으로 치부한다. 민주시민을 육성하는 것이 교육의 중요한 책무인데도 '쓸데없는 짓 하지 말고 공부나 하라'고 하는 것이다.

이 말은 학생을 공동체의 일원으로 인정하지 않는 발언이다. 미래에 있을지도 모르는 직업상의 이익을 위해 다른 어떠한 것에도 관심을 주지 말고 공부만 하라는 말이다.

이런 논리라면 직장인은 아무것도 하지 말고 일만 해야 하고, 운동선수는 여가도 없이 뼈가 빠지게 연습만 해야 한다. 미래의 행복을 위해 현재를 희생해야 한다는 논리가 된다. 전형적인 능력주의와 거기에서 파생되는 경쟁지상주의 논리인 것이다. 심지어 개인의 행복 따윈

안중에도 없다.

물론 부모님과 선생님들은 소중한 '금쪽이'들을 위해 그러시는 거라고 생각한다. "다른 놈들이 쓸데없는 짓을 하며 시간을 낭비하는 동안, 너는 공부를 해서 경쟁에서 이겨라!" 라고 하는 것이다.

그러나 이런 비민주적이고 이기적인 훈육(?)으로 인해 삭막한 인간군상이 양산되는 건 둘째 치고, 그 나이 때만 할 수 있는 일들을 못하게 된다는 큰 문제가 발생한다. 생애주기별로 해야 하는 경험들이 있는데 그걸 건너뛰는 것이다. 청소년의 경우 적성과 흥미를 발견하고 미래의 자신에 대해 생각해보는 것이 대표적이다.

이런 다양한 경험과 생각을 못하게 되니 자연스레 대학 간판만 보고 점수에 맞춰서 전공을 선택하는 것이 당연시되는 것이다. 이것은 국가적인 낭비이고 개인적인 비극이다.

자신이 뭘 좋아하고 뭘 잘하는지 모르니까 남들 다 하는 '스펙'에 '몰빵'할 수밖에 없고, 그 결과 '단군 이래 최고의 스펙'을 가진 청년들이 넘쳐나는데도 실업율이 치솟을 수밖에 없었다. 하지만 기업들은 뽑을 인재가 없다고 한탄하고 있다.

이제는 달라져야 한다. 소크라테스는 "성찰하지 않는 삶은 살 가치가 없다.(ὁ δὲ ἀνεξέταστος βίος οὐ βιωτὸς ἀνθρώπῳ)"고 말했다. 여기서 '성찰하지 않는'을 뜻하는 고대 그리스어 'ἀνεξέταστος'는 영어로 "unexamined, without inquiry or without investigation, not proven" 등으로 번역된다. "역사를 잊은 민족에게 미래는 없다."는 말과 비슷한 맥락이라고 할 수 있다.

대한민국 청년들은 그저 앞만 보고 달려 왔다. 성찰하기 위해서는 과거를 봐야 하고 행복하기 위해서는 현재를 봐야 한다. 이 모든 게 당장의 시험점수를 위해서는 불필요해 보인다. 부모님과 선생님도 해주지 않는다. 아니, 하지 말라고 적극적으로 막는다.

하지만 그래서 어떻게 되었는가?
과연 청년들이 행복해졌는가?
아니다. 행복한 청년들보다 불행한 청년들이 더 많다. 남을 이기고 남보다 우위에 서는 게 행복이라고 배운 사람은, 항상 자신을 타인과 비교하고 자기보다 나은 사람에게 열등감을 느낄 수밖에 없기 때문이다.
이렇게 능력주의와 서열주의, 점수주의가 내면화된 사람 중에서 타인과 자신을 비교해도 열등감을 느끼지 않을 사람이 과연 얼마나 되겠는가? 재벌 3세 중에서도 극소수에 불과할 것이다. 무협지의 대사처럼 하늘 위에도 더 높은 하늘이 있기 때문이다.(天外天)

민주적인 가치관을 길러주는 정치 교육!
비판적 사고력을 키워주는 토론 교육!
더 나은 사회를 안전하게 살아가기 위한 인성 교육과 실용 교육!

개인과 국가의 미래를 위해 더 이상 미룰 수 없다.

3장

대한민국 정치
리부트를 시작하라

대한민국 정치의
다섯 가지 적

첫째, 정치인들이 본분을 망각하고 있다.

정치인은 갈등의 중심에 있어야 한다. 사회적 갈등을 중재하고 해결하는 것이 정치 본연의 임무이기 때문이다. 해묵은 갈등은 해소하기도 어렵고, 누가 책임지고 나선다고 한들 단번에 해소되기 힘들다. 시간과 정성이 오래 걸리는 작업이다. 그래서 정치인은 복잡한 갈등에 서기를 꺼린다.

문제의 본질을 무시한 채 쉽고 빠른 땜질식 처방, 인기에 영합하는 사이다 해법에 집착한다. 미래에 대한 비전을 가지고 갈등을 조정하려는 국회의원은 양쪽에서 욕을 먹기 때문이다.
길고 지루한 토론을 통해 양보하고 이해하여 최선의 합의점을 도출하려는 합리적인 정치인은 외면당하고, 목소리 크고 삿대질 잘 하고 파이팅 좋은 정치인이 주목을 받고 승승장구한다. 언론과 SNS의 관심을 얻는다. 이런 상황에서 누가 복잡한 일을 하려 하겠는가?

진짜 일꾼을 가려내는 식견과 눈을 가지자. 이재명 대표의 말대로 "정치는 정치인들이 하는 것 같지만 결국 국민이 하는 것"이기 때문이다.

둘째, 정치발전을 가로막는 선거법이 문제다.

우리나라 선거법은 안내표지판이 아니라 바리케이드다. 정치신인들이 정치에 입문하기 어렵게 만드는 수문장이다. 자라 보고 놀란 가슴 솥뚜껑 보고 놀라서 만든 악법, 겁쟁이와 게으름뱅이들이 만든 법이다.

호랑이 담배 피던 시절에는 의미가 있었다. 고무신 선거, 돈봉투 선거, 차떼기 선거가 버젓이 행해졌었다. 인물과 정책이 아니라 현금의 양에 따라 당락이 결정되는 시절이었던 것이다.

하지만 이제는 시대가 달라졌다. 요즘 같은 시대에 옛날과 같은 방식으로 선거운동을 했다간 정계에서 영원히 퇴출당하는 시대가 도래하였다.

그렇게 현재의 복잡한 선거법은 기본적으로 돈이 많이 드는 선거를 막기 위해 만들어졌다. 그런데 지나치게 세밀하고 까다로운 규정들 때문에 모두가 피해를 보고 있다. 적은 돈으로 큰 효과를 얻을 수 있는 방법을 사용하지 못하고 있다. 기발한 콘텐츠를 이용한 바이럴 마케팅 같은 것 말이다. 본말이 전도된 셈이다.

하지 말라는 게 워낙 많다 보니 다들 용달차 앞에서 춤이나 추는 것이다. 선거기간만 되면 전국이 인도 발리우드 영화 촬영장이 된다.

정작 국민들은 그런 식의 선거운동을 좋아하지 않는데도 말이다. 실제로 "나는 먹고살기도 힘든데 저것들은 길 막고 신나게 춤이나 추고 있네?"라고 빈정거리는 분들이 계신다. 게다가 후보자와 선거운동원들의 춤 실력 말고는 알 수 있는 것도 없다.

〈프로듀스 101〉처럼 아이돌을 뽑는 프로그램도 아이돌의 인간성과 성격, 실력과 스토리를 알려준다. 하지만 정치인들은 그런 것도 없다. 개표방송은 전 세계인의 칭찬과 부러움을 살 정도로 재미있게 하면서, 정작 선거 자체는 왜 이렇게밖에 못 하는가? 경직되다 못해 화석이 되어버린 선거법 때문이 아니라고 할 수 있을까?

선거기간도 늘려야 한다. 지금은 너무 짧아서 후보에 대해 알기 어렵다. 짧은 선거홍보 기간은 정치신인들과 청년들에게 불리하고 현역 의원이나 인지도 있는 중년 이상 후보들에게 유리하게 작용한다. 사실상 정치 고인물, 정치 기득권들의 '사다리 걷어차기'인 셈이다. 기득권이라고 해서 꼭 대단한 것만 있지 않다. 일상의 작은 영역에서도 내가 힘을 가진 순간, 그리고 그 힘으로 영향력을 행사하는 순간 기득권이라고 할 수 있다.

빈대 잡느라 초가삼간 다 태우고 있는 선거법, K-콘텐츠가 전 세계를 제패하고 있는 시대에 역행하는 구닥다리 선거법, 정책대결은커녕 후보들의 장단점조차 알 수 없게 만드는 선거법, 그래서 결과적으로 정치 기득권들에게만 유리한 선거법을 근본적으로 갈아엎어야 한다.

셋째, 애초에 버스에 잘못된 사람들을 태웠다.

미국의 경영석학 짐 콜린스는 〈Good to Great〉라는 책에서 "적합한 사람을 버스에 태워라."라고 말한 바 있다. 이 말은 직무에 적합한 사람을 뽑지 말고 최고의 인재를 뽑으라는 뜻이다. 최고의 인재를 뽑아서 그들을 믿고 지지해 주면, 그 인재들이 알아서 최고의 퍼포먼스와 결과를 보여준다는 뜻이다.

이러한 방식이 무조건 정답은 아니다. 모든 분야에 적용되지도 않을 것이다. 그러나 적어도 정치인들에게는 맞는 말이라고 생각한다. 좋은 정치인을 뽑으면 그들이 알아서 열심히 일해서 좋은 결과를 내지 않겠는가?

정치가들이 무능하고 부패했다는 말은 지금까지 수십 년 동안 끊이지 않았다. 그렇다면 그런 정치인들을 뽑은 프로세스, 즉 선거법과 선거제도를 갈아엎어야 하는 것 아닌가? 물론 나쁜 정치인을 선출한 원인이 선거법만은 아닐 것이다. 그러나 앞에서 말했듯이 적지 않은 비중을 차지하고 있는 것만은 틀림없는 사실이다.

극소수 기득권 정치인들에게만 좋은 선거법은 반드시 고쳐서 신선한 인재들이 대거 유입되게 하자. 열정을 가진 청년들이 뜻을 펼칠 수 있게 문호를 넓혀주어야 한다. 후보자들의 발목을 잡고 목을 조르는 선거법이 아니라 신나게 뛸 수 있는 운동장이 되어 주는 선거법을 만들어야 한다. 유권자들이 선거를 즐길 수 있게 하고 총선과 지방선거는 마을 잔치로, 대선은 나라 잔치로 만들어야 한다. 우리는 케이팝으로 세계를 제패한 신명과 흥의 민족이 아닌가?

넷째, 낡아빠진 패거리 정치문화 때문이다.

패거리 정치문화를 청산해야 한다. 패거리보다 국민을 바라보는 정치 문화를 만들어야 한다. 일 잘하는 정치인, 사회에 도움이 되는 정치인이 대우받고, 공천 받는 정치 문화를 만들어야 한다.

패거리 정치는 머리를 맞대고 토론해서 최선의 합의점을 도출한 뒤, 모두가 힘을 합쳐 실행해 나가는 이상적인 모습과 정반대의 모습을 만들어낸다. 토론과 설득이 사라진다. 우리 편은 다 옳고 상대방은 무조건 틀렸는데 토론이 가능할 리 있나? 상대를 공격해서 무릎 꿇리는 것 외에 무슨 대안이 있단 말인가?

이런 식이다 보니 야당일 때와 여당일 때의 말이 완전히 바뀌는 촌극이 서슴없이 벌어진다. 국민의힘은 야당 시절 일본 방사능 오염수 방류의 위험성을 홍보하면서, 문재인 정부가 반드시 이를 막아내야 한다고 경고했다.

이때 발표한 결의안의 제목은 다음과 같다.

〈일본 정부의 후쿠시마 방사능 오염수 방류 결정 규탄 및 원전 오염수의 안전성 확보를 위한 대한민국 정부의 적극적인 대책 촉구 결의안〉

이 얼마나 엄숙하고, 비장하고, 거창한가? 일본 방사능 오염수에 대한 국민의힘 의원들의 우국충정에 가슴이 웅장해졌었다.

하지만 정권이 바뀌자 그들은 횟집으로 가서 수족관의 물을 손으로 떠 마시는 말도 안되는 퍼포먼스를 감행했다. 후쿠시마 방사능 오염수가 안전하다는 걸 국민들께 알리고 '민주당의 방사능 괴담'을 차단하기 위해서라고 포장했다.

그 모습을 본 네티즌들이 이렇게 물었다.

"그럼 횟집 수족관에 든 저 물이 후쿠시마 방사능 오염수란 말인가?"

"저 횟집은 대체 무슨 죄인가?"

"다 그렇다 쳐도 그걸 왜 한국 국회의원들이 하세요? 일본 국회의원이세요?"

그뿐이 아니다. 국민의 혈세를 쓰면서 후쿠시마 오염수의 안전성을 홍보하고 있다. 피해자인 우리가 왜 그래야 되는지는 잘 모르겠다.

게다가 우리는 거리도 제일 가깝지 않은가? 태풍 한 번에 공기도 바다도 뒤섞일 수도 있는 것이다. 체르노빌 원전사고 때 지구 반대편에 있던 일본이 얼마나 난리법석을 부렸는지 모르시는 걸까?

그런 모습들을 보고 있으려니 웅장했던 가슴이 순식간에 옹졸해지고 말았다.

그리고 몇 가지 의문이 떠올랐다.

'비겁하게 뒤에 숨지 않겠다는 대통령은 왜 아무 말씀도 안 하실까?'

'국민의힘 의원들은 왜 민주당 때문에 수산업 관계자들이 힘들어하신다고 하는 걸까? 이런 '기적의 논리'를 당당하게 말씀하시는 의원님들은 대체 어느 일타 강사에게 배우셨기에 저런 강철멘탈을 갖고 계실까?'

'중국에 대한 수산물 수출길이 막힌 일본이 전 세계에서 수산물을 가장 많이 먹는 우리나라에 수산물을 수출하려고 발악할 텐데, 후쿠시마 오염수가 안전하다고 하신 마당에 어떤 논리로 그걸 거부하실까?'

다섯째, 정치교육과 토론교육의 부재도 문제다.

만약 유럽 수준의 토론 교육이 활성화되어 있었다면 어땠을까? 대한민국 정치의 비합리성이 조금이라도 줄어들지 않았을까? 국민들이 토론에 익숙했다면, 토론의 기술과 문화가 기본 소양이었다면 한국 사회와 정치 모두 지금보다 조금은 나아지지 않았을까? 시대착오적인 이념정치, 막가파식 투쟁정치, 우리가 남이가식 팬덤정치, 아직도 남아 있는 지역주의 정치행태가 조금이라도 개선되지 않았을까?

군군신신
부부자자

앞에서 말한 〈대한민국 정치의 다섯 가지 적〉을 요약하면 다음과 같다.

① 시대를 선도하고 사회적 갈등을 극복해야 한다는 사명과 본분을 망각하고 쉽고 편한 꽃길, 자신에게 유리한 길만 찾는 정치인

② 그러한 정치인을 양성하는 데 일조하는 동시에 정치발전을 가로막아 온 시대착오적인 선거법

③ 그런 선거법에 의해 실제로 양산된 무임승차 정치인

④ 그런 정치인들이 "우리가 남이가?"를 외치며 심화시켜 온 낡아빠진 패거리 정치

⑤ 그런 정치가 가능하게 한 토론교육의 부재

위의 다섯 가지 문제들이 수십 년 동안 뒤섞여서 '끔찍한 혼종'이 되었고, 그 결과 정치에 대한 인식이 왜곡되어 버렸다. 바람직한 정치가 무엇이고 어떻게 해야 하는지를 성찰하는 정치인은 사라진 지 오래다. 유능하고 양심적인 정치인을 발굴하고 육성하려는 국민들도 찾기 어려워졌다고 한다.

화려하고 듣기 좋은 선언과 공약이 넘쳐나지만 아무것도 바뀌지 않는다. 실천도 없고 실속도 없기 때문이다. 알리바바의 창업자인 마윈의 말이 떠오른다. "실패하는 사람들은 대학교수보다 더 많은 생각을 하지만, 앞이 안 보이는 사람보다 더 적은 일을 한다."

대한민국 정치의 적은 그뿐만이 아니다. 정치에 대한 봉건적 인식도 문제다. '정치에 대한 봉건적 인식'이란 한국인의 DNA에 깊이 새겨진 유교적 사고방식을 뜻한다. 서구식 교육을 받은 사람들이 서구식 민주주의를 하고 있지만 실제로는 〈유교식 능력주의〉라는 말이다.

"왕은 왕다워야 하고 신하는 신하다워야 하며, 아버지는 아버지다워야 하고 아들은 아들다워야 한다.(君君臣臣 父父子子)"라는 유교식 질서와 사고방식에서 벗어나야 한다. 입신양명이 아니라 연대가, 상명하복이 아니라 소통과 공정이 필요하다. 그래야만 진정한 청년 정치가 가능해지고 국민들도 좀 더 행복해질 수 있다. 타인의 선입견과 시선에서 훨씬 더 자유로워져야 한다.

승자독식으로 인한 극한대립도 혁신해야 할 대상이다. 선거에서 승리한 측이 모든 걸 독차지하니 모두가 악다구니를 쓸 수밖에 없다. 물론 다른 나라들도 크게 다르진 않다. 하지만 유독 우리나라에서 갈등과 대립이 극한으로 치닫는 경우가 많다.

이유가 무엇일까? 일제강점기와 6.25, 군사독재를 거치며 생긴 트라우마 때문이 아닐까? 권력자나 정권을 조금이라도 비판하면 감금당하고 고문당했던, 그런 시대가 낳은 '외상 후 스트레스 장애(PTSD)' 말이다.

고도성장기의 극심한 경쟁체제도 원인 중 하나일 것이다. 내가 너보다 능력이 낮고 인기가 많고 운이 좋아서 선거에서 이겼으니, 모든 걸 가져가는 게 당연하다는 유교식 능력주의 말이다.

뒤처지면 죽는다! 빨리빨리 뛰어라! 세상은 1등만 기억한다!

이런 말을 항상 들으며 살다 보면 스트레스와 피로감이 극심해지는 게 게 당연하다. 기성세대의 트라우마를 이해하지 못하는 청년들과 청소년들이 골방에 틀어박히는 건 자기보호 본능일지도 모른다.

우리는 왜 작은 일에만
분개하는가

〈여러 조각으로 쪼개서 정복하라(Divide and Conquer)〉라는 말이 있다. 〈여러 조각으로 쪼개서 통치하라(Divide and Rule)〉라는 말도 있다. 전자는 적국에 쳐들어가서 점령할 때, 후자는 점령한 국가나 민족을 통치할 때를 대상으로 한다.

이 말을 한 사람이 마키아벨리라고 알려져 있지만 그렇지 않다. 알렉산더 대왕의 아버지 필리포스 2세가 처음 말했고 제왕절개로 유명한 율리우스 카이사르가 인용해서 유명해졌다.

지금의 대한민국이야말로 〈분열시켜서 통치하라〉는 말이 참 잘 어울리는 사회가 되어버렸다. 세대, 성별, 학벌, 지역, 빈부, 나이 등거미줄보다 더 치밀하고 촘촘하게 나누어져 있다고 해도 과언이 아니다. 지역감정 때문에 나라가 망한다고 한탄하던 시절이 오히려 나아 보일 정도다.

이런 현상을 〈달마과장〉이라는 웹툰에서 이렇게 꼬집었다. 어느 날 회사 엘리베이터 문에 "전기 절약을 위해 오늘부터 임원급만 엘리베이터를 쓸 수 있습니다."라고 써붙여져 있었다.

직원들이 불평하자 사장은 "전기 절약을 위해 오늘부터 **55세 이상과** 임원급만 엘리베이터를 쓸 수 있습니다."라고 붙여 놓는다. 그러자 직원들 사이에 세대갈등이 시작되었다. 사장은 한술 더 떠서 **55세 이상과 여성들만** 엘리베이터를 탈 수 있다는 문구를 추가했다.

남자와 여자, 노년층과 청년층이 박터지게 싸우고 있다는 보고를 받은 사장이 말했다. "거 봐. 이러니까 우리 쪽에 반감을 가질 틈이 없잖아. 자꾸 싸움 붙여!"

몇 년 전에 이 만화가 발표되었을 때 잔잔한 화제를 모았다. 갈라치기를 통해 이득을 취하는 기득권의 전략을 명쾌하게 보여주었기 때문이다. 연대해야 할 '우리'끼리 싸우느라 정작 진짜 적에게는 신경도 못 쓰는 모습도 씁쓸한 웃음을 자아냈다. 그야말로 촌철살인이었다.

하지만 5년 넘게 지난 지금, 이 만화가 풍자한 현실은 오히려 더욱 심해졌다. 적어도 한국의 온라인 공간에서 이해와 관용을 바라기는 어려워졌다. 말 그대로 연목구어(緣木求魚), 즉 나무에서 물고기 구하는 격이 되고 말았다.

더 큰 문제는 문제의 본질을 못 보게 만든다는 것이다. 너무 많은 정보를 범람시켜서 진실을 감추는 것과 비슷하다. 모든 사람이 우리 사회에 문제가 많다는 걸 알고 정의감을 표출하지만, 말초적인 부분에만 분노하고 서로를 공격하다가 제풀에 지쳐서 포기하거나 잊어버리곤 한다.

김수영 시인은 이런 현상을 〈어느날 고궁을 나오면서〉라는 시에서 다음과 같이 노래했다.

왜 나는 조그마한 일에만 분개하는가
저 왕궁 대신에 왕궁의 음탕 대신에
50원짜리 갈비가 기름덩어리만 나왔다고 분개하고
옹졸하게 분개하고 설렁탕집 돼지 같은 주인한테 욕을 하고
옹졸하게 욕을 하고
(중략)
그러니까 이렇게 옹졸하게 반항한다
이발쟁이에게
땅주인에게는 못하고 이발쟁이에게
구청 직원에게는 못하고 동회 직원에게도 못하고
야경꾼에게 20원때문에 10원때문에 1원때문에
우습지 않으냐 1원 때문에

모래야 나는 얼마큼 작으냐
바람아 먼지야 풀아 나는 얼마큼 작으냐
정말 얼마큼 작으냐....

이 시가 발표된 해가 1965년이니까 거의 60년이나 지났다. 1965년에 110달러에 불과했던 1인당 GDP는 2023년 현재 3만 5천 달러에 도달했다. 300배 넘게 증가한 것이다. 국내총생산은 31억 달러에서 1조 8천억 달러로 600배 가까이 증가했다.

하지만 김수영 시인이 한탄했던 현상에는 큰 변화가 없어 보인다. 아니, 오히려 악화되었다고 봐야 한다. 사회적 불평등과 모순이 훨씬 커지고, 깊어지고, 복잡해졌기 때문이다. 그때보다 훨씬 즉물적이고 감각적인 세상이 되었는데도 김수영 시인처럼 본질과 근원을 고민하는 사람은 오히려 줄어든 것 같다.

극한의 경쟁과 빨리빨리 문화를 감안하면 확실히 더 악화되었을 것이다. 그때는 삶의 속도와 스트레스가 지금보다 덜했기 때문이다.

이 시가 발표된 1965년에 굴욕적인 〈한일기본조약〉이 체결되었다. 쿠데타로 집권한 박정희 정권이 국민들의 반대를 무시하고 일본과의 외교관계를 복구한 것이다. 이때 식민지 배상금을 국가 대 국가로 수령하는 바람에 개인보상청구에서 분쟁의 소지를 낳았다.

한일기본조약과 함께 일본과 〈한일어업협정〉도 맺었다. 박정희 정권은 독도 인근을 공동어로구역으로 설정하여 이후 독도를 둘러싼 여러 갈등의 빌미를 제공하였다.

박정희 정권의 한일어업협정은 윤석열 정부가 일본 후쿠시마 방사능 오염수 방류를 필사적으로 '쉴드' 쳐주는 지금과 비슷하다. 60년의 시간을 두고 역사가 반복되고 있는 셈이다.

역사는 반복된다. 특히 소수 엘리트 기득권들의 통치방식은 전혀 바뀐 것이 없다.

역사를 잊은 민족은 일본이 아니라 우리일 수도 있다.

우리가 지금까지 '누워서 침 뱉기'를 해온 게 아닌지 의심해 볼 대목이다.

멈추면 고이고
고이면 썩는다

강물이 멈추면 고이고 고이면 썩는다. 자정 능력을 상실한다. 콘크리트 수조에 갇혀 썩어가는 사(死)대강만 봐도 알 수 있다.

해결책은 간단하다. 물을 흐르게 하는 것이다. 물이 흐른다는 것은 고인 물을 밀어낸다는 뜻이다. 장강의 뒷물결이 앞물결을 밀어내야 깨끗하고 건강해진다. 그게 순리다.

법(法)이라는 글자를 파자하면 "물(水)이 흐른다(去)"가 된다. 법률과 제도는 물이 흐르듯이 자연스럽게 이루어져야 한다는 뜻이 아닐까?

이런 측면에서 한국 정치는 너무 고여 있다. 5060이 너무 많고 2030은 너무 적다. 40대조차 너무 적다. 40대인 70년대, 80년대생들이 더 많이 나와야 한다.

우리나라만큼 정치인의 평균연령이 높은 선진국은 거의 없다. 유럽이나 중동에서는 10대가 세상을 바꾸고 노벨상을 타는데, 유독 우리나라에서는 30대조차 어린아이 취급을 받는다. 노인을 위한 나라는 있다. 그것은 바로 대한민국이다.

박정희 전(前) 대통령이 5.16쿠데타를 일으켰을 때 40대 중반이었다. 김대중 전 대통령은 40대에 대통령이 될 수도 있었으며, 김영삼 전 대통령도 40대 기수론을 주장했다.

60년대에 출생하여 80년대 학번을 가진 50대를 뜻하는 〈586〉이 20여 년 전에 정치계에 대거 진출했을 때도 30~40대였다. 그래서 당시에는 〈386〉이라고 불렸다.

하지만 시간이 지날수록 오히려 그런 현상이 실종되어 갔다. 일제강점기부터 4.19혁명, 그후의 민주화에도 큰 역할을 했던 청소년들과 청년들의 존재감이 희박해졌다. 대한민국의 학교가 무한경쟁과 약육강식의 정글이 되었기 때문일 것이다. 친구를 '제끼고' 순위를 올리는 것만이 지상과제가 되었는데 어떻게 새로운 시대를 고민하고 행동할 수 있겠는가?

농경사회에는 그래도 괜찮았다. 변화가 적었기 때문이다. 농경사회에는 나이가 들수록 사회적 효능감이 상승했다. 하지만 시대가 변했다. 이제는 반대가 되었다. 세상이 변해도 너무 빨리, 너무 많이 변한 것이다.

시간이 지날수록 더 다양한 기계와 컴퓨터, 전자기기들이 인간의 지식과 인식, 그리고 능력을 확장해주고 있다. 특히 컴퓨터를 비롯한 IT 기기들은 인간의 두뇌를 수십 배로 확장시켰다.

그 결과 농경시대에 중요하게 여겨졌던 중장년·노인세대의 지식과 경험의 의미가 퇴색되었다. 한술 더 떠서 '생각하는 기계'라 불리는 인공지능까지 등장했다. 아직은 인공지능 혁명의 초기라서 별 것 아닌 것 같지만, 몇 년만 지나도 인공지능 이전의 세상을 상상하기 힘들 정도로 바뀔 것이다. 요즘 아이들이 스마트폰이 없던 시절을 상상하지 못하는 것처럼, 우리 사회도 더욱 변화에 민감해져야 한다.

세대문제는
제로섬 게임인가

현대사회의 모든 문제는 다른 문제들과 연결되어 있다. 하나만 따로 떼어내서 생각할 수도, 해결할 수도 없다. 문제를 지나치게 단순화하는 것은 복잡하게 생각하는 것보다 위험하다.

청년문제도 마찬가지다. 기성세대와 머리를 맞대야 한다. 같은 방향을 바라보며 해결책을 찾고 갈등이 생기면 토론과 타협을 통해 합의점을 도출해야 한다.

청년세대는 중년세대의 아들이고 노년세대의 손자다. 중년세대는 청년세대의 아버지고 노년세대의 아들이다. 노년세대는 청년세대의 할아버지고 중년세대의 아버지다. 서로가 서로에게 얽혀 있다. 경제적으로도 그렇고 사회적으로도, 심리적으로도 그렇다.

따라서 세대문제를 제로섬 게임으로 풀어선 안 된다. 청년이 잘 되어야 중년도, 노년도 잘 된다. 하다못해 연금만 봐도 그렇지 않은가? 지금처럼 청년들이 신음하고 출생률이 바닥을 찍는데 노년세대가 어떻게 연금을 받을 수 있겠는가?

물론 그 반대도 마찬가지다. 중년세대가 불행하면 청년세대도, 노년세대도 불행해진다. 특히 지금의 중년세대는 청년세대와 노년세대를 이중부양해야 한다는 압박과 부담으로 고통 받고 있다. 사회초년생일 때 IMF의 직격탄을 얻어맞은 '낀세대'였던 그들이 나이가 들어서도 낀세대를 면치 못하고 있는 것이다.

그렇다면 노년세대는 좋은가? 아니다. OECD 최고 수준의 노인빈곤율에 시달리고 있다. 노후대책을 마련하지 못하고 쇠약해진 사람이 너무 많다. 황혼이혼과 독거노인 문제, 고독사 문제는 시작에 불과하다. 초고령화사회가 되면서 몇 배나 많아질 것이다. 우리 모두의 문제다.

그렇다. 대한민국에 '나만 행복한' 세대는 없다. 예전에도 없었고 앞으로도 없을 것이다. 행복한 극소수 기득권과 그렇지 못한 대다수가 있을 뿐이다.

따라서 세대문제를 제로섬 게임으로 보면 안 된다. 상호보완적인 관계, 연대와 공감으로 힘을 합쳐야 하는 '동반자 관계'로 봐야 타당할 것이다.

다소 과격한 목소리로 청년 정치와 청년주체를 강조하는 것은 청년세대가 기득권이 되거나 헤게모니를 장악해야 한다는 뜻이 아니다. 청년 정치인이 지나치게 적고 청년의 정치참여와 투표율이 너무 낮으니 균형을 맞추려는 취지에서 강하게 주장하는 것이다. 승자독식과 양극화가 너무 심해져서 기득권의 힘이 너무 커져 버렸기 때문에 청년세대가 나서서 철밥통을 깨야 한다고 외치는 것이다.

그런데 몇 가지 부분에서는 세대 간에 제로섬 게임이 벌어지는 게 사실이다. 대표적인 예시가 바로 부동산이다.

아무래도 중장년 및 노년세대가 청년세대보다 더 많은 부동산을 가지고 있다. 이 사실 자체는 다른 나라도 크게 다르지 않다. 문제는 부동산 가격 상승으로 인해 청년세대가 집을 살 희망마저 포기하고 있다는 점이다. 수십 년의 대세상승기 동안 부동산을 통해 자산을 불려 온 기성세대나, 그런 기성세대를 부모로 둔 청년들만이 집을 살 수 있는 상황이 문제인 것이다.

집을 못 사니 결혼을 못 하고, 결혼을 못 하니 출산을 못 한다. 출산을 못 하니 인구가 줄고 내수가 쪼그라들고 지방이 소멸하고 있다. 앞으로 몇 년만 지나도 사회의 활력이 확 떨어지는 게 체감될 것이다. 아니, 이미 조짐이 보이고 있다.

물론 출생률 하락, 아니 추락은 단순히 주택문제 때문은 아니다. 교육문제와 수도권 집중문제도 큰 지분을 차지하고 있다. 이것을 해결하기 위해서는 수도권 집중문제부터 해결해야 한다. 수도권에 모든 게 집중되지 않고 전국이 다 함께 발전하면 부동산과 출생률, 교육문제까지 해결할 수 있다.

이를 위해서는 모든 세대가 힘을 합쳐야 한다. 연대하지 않으면 어느 세대의 문제도 해결할 수 없다. All or Nothing이고 One for All, All for One이다.

시간이 없다. 골든타임이 끝나가고 있다. 지금 당장 청년이 주체가 되어 판을 뒤집어야 한다. 수혜자가 아니라 주체가 되어야 한다. 기득권의 시혜를 기다리지 말고 우리 스스로가 미래를 만들어 나가야 한다.

갈 길은 첩첩산중인데 벌써부터 해가 지고 있다. 골든타임이 끝나가고 있다는 말이다. 참으로 암담하고 답답하다. 그럼에도 불구하고 이대로 둘 수는 없다.

정치에도
리부트가 필요하다

리부트(Reboot)는 오랫동안 이어져 내려온 시리즈가 더 이상 감동과 재미를 주지 못할 때, 몇 가지 설정을 초기화하고 새로운 인물과 설정, 스토리로 새로 시작하는 것을 뜻한다. 슈퍼맨 리부트, 배트맨 리부트 등이 대표적이다.

영화나 만화는 재미가 없으면 외면당한다. 그래서 제작자와 크리에이터들은 리부트와 같은 극단적인 방법까지 사용해서 관객의 마음을 얻기 위해 노력한다. 안 그러면 굶어 죽기 때문이다.

같은 이유로 한국 정치도 리부트해야 한다. 영화 〈범죄도시〉 같은 속 시원함도, 〈슬램덩크〉 같은 감동도, 〈탑건〉 같은 짜릿함도 없는 정치, 지루하고 구닥다리인 데다 내 삶에 도움도 안 되는 정치, 그런 정치로는 국민들을 기쁘게 할 수 없다. 그래놓고 자신들을 캐스팅해 달라며 선거를 치른다. 매달 적지 않은 출연료(세비)와 특권을 받아간다.

지금이라도 멋진 정치, 자랑스러운 정치로 리부트해야 한다. 그중에서도 배우 교체가 시급하다. 배우란 물론 국회의원, 지방의원, 대통령 등의 정치인들을 뜻한다.

사실 한국 정치는 여러 번 리부트되었다. 4.19 혁명이나 6.29 민주화선언, 촛불혁명처럼 좋은 방향의 리부트도 있었고, 한국전쟁이나 박정희·전두환 쿠데타처럼 나쁜 방향의 리부트도 있었다.

리부트의 주역은 당연히 청년들이었다. 4.19 때는 중고등학생들까지 중요한 역할을 했고, 민주화 때는 대학생들이 핵심적인 역할을 했다. 가진 게 많은 기득권이나 삶에 찌든 기성세대가 아니라 깨어 있는 젊은이들이 세상을 바꾸는 게 당연하지 않은가? 우리나라만 그런 것도 아니고 현대에만 그런 것도 아니다.

지금 청년들이 힘들게 사는 것도 들고 일어나지 않아서다. 지금은 과거처럼 짱돌이 아니라 투표용지와 촛불을 들고 일어나야 한다. 아무런 '액션'도 취하지 않으니까 아무것도 변하지 않는 것이다.

양극화가 심화되고 자살율과 빈곤율이 치솟아도, 출생률이 바닥을 뚫을 기세로 떨어지고 있어도, "가만히 있으라!"는 기득권과 기성세대의 명령을 충실히 따르고 있으니 무엇이 달라지겠는가?

몇 년 전, 김무성 전 대표는 부당한 취급을 당한 청년들에게 이렇게 말했다.

"인생의 좋은 경험이라고 생각하고 열심히 해야지, 방법이 없어요."

〈아프니까 청춘이다〉라는 말과 근본적으로 같은 말이다. 기성세대, 특히 기득권의 청년 인식을 적나라하게 보여준 이 발언은 청년세대가 어째서 현실정치에 직접 나서야 하는지, 대한민국이 어째서 리부트되어야 하는지를 잘 보여주고 있다.

성공적인 리부트를 위한
조건 (1)

　　한국 정치는 여러 번 리부트 되었다. 그런데 좀 더 깊숙이 들여다 보면 리부트가 되다 말았다는 생각이 든다. 나름대로 바뀌긴 했지만 완전히 교체되진 않았다는 뜻이다.

　　마치 고려 권문세족의 상당수가 조선 사대부가 되었던 것처럼, 구한말의 양반들이 일제강점기 때 친일 지주계급이 되었다가 6.25를 거쳐 기득권이 된 것처럼. 어항으로 치면 물을 완전히 갈아준 게 아니라 좀 퍼내고 새 물을 좀 넣어준 정도라고 할 수도 있을 것이다.

　　4.19 같은 세계사적인 혁명도 근본적인 시대전환을 이루진 못했다. 세상을 바꾸는 게 그 정도로 어렵다는 반증이다. 인류 역사에 기록된 그 많던 혁명들이 대부분 미완으로 끝난 이유가 여기에 있다.

　　하지만 포기할 순 없다. 단번에 모든 걸 바꿀 필요도 없다. 중요한 건 변화의 양이 아니라 방향이다.

　　한국사회를 제대로 리부트하기 위해서는 다음과 같은 선결 조건들이 필요하다.

첫째, 청년 정치인들이 제도적으로 늘어나야 한다.

지금까지는 표창원 전 의원의 말대로, 권력자가 입맛에 맞는 청년을 '간택'하고 '발탁'해서 '꽂아 주는' 형태가 많았다.

더 이상은 안 된다. 체계적인 시스템을 구축해야 한다. 청년 정치인을 육성하고 입법부의 핵심으로 진입시켜 경험을 쌓게 하는 시스템을 구축해야 한다. 그러지 않으면 선거를 위해 청년의 이미지만 '활용'한다는 오명을 피하기 힘들다.

사실 실제로도 그렇다. 청년 국회의원이 전체 의원의 1%에 불과하기 때문이다. 체계적인 정치신인 발굴·육성 프로그램을 통해 이 비율을 최소한 유권자 비율에 맞게 끌어올려야 한다.

청년 정치인을 자꾸 강조하는 이유는 다양성과 공감대 때문이다. 대한민국 정치판은 "부유한 50대 남자"들이 50% 이상을 차지하고 있다. 날이 갈수록 복잡다단해지고 첨예해지고 있는 대한민국의 갈등 상황을 이렇게 편중된 국회의원들이 제대로 리딩(Leading & Reading)할 수 있겠는가?

국회의원들의 연령은 계속해서 높아져 왔다. 제1대 국회(제헌국회)의 평균연령은 47.1세였고 20대는 55.7세였다. 1981년의 11대 총선까지 70~80%를 유지하던 2040 국회의원 비중은 12대 총선부터 급감했다. 21대 국회에서는 300명의 국회의원 중 267명이 50대 이상이었다. 2040은 33명에 불과했다.

유권자의 고령화에 따른 자연스러운 현상 아니냐고? 그렇지 않다. 20대 국회를 예로 들면 2030은 전체 인구의 28%를 차지하지만, 2030 의원은 단 0.7%에 불과했다. 인구 비중이 15%에 불과한 50대는 53.7%였다.

유럽 정치선진국들과 비교하면 더욱 참혹하다. 국제의회연맹(IPU)이 2018년에 발표한 보고서에 따르면, 덴마크의 2030 의원 비율은 자그마치 42%에 육박한다. 핀란드, 스웨덴, 네덜란드는 35% 내외다. 국회의원 세 명 중 한 명은 2030이라는 뜻이다. 프랑스와 독일, 싱가포르 등은 20% 내외이고 일본이 8% 이상, 중국조차 5%가 넘는다.

오직 대한민국만이 1%가 안 된다. 이쯤 되면 "이거 너무하는 거 아니냐고?"라고 외치는 영화의 한 장면이 떠오른다.

성공적인 리부트를 위한
조건 (2)

둘째, 그렇게 공천된 청년 정치인들에게 전략투표를 해야 한다.

청년들이 세대투표를 해야 한다. 단지 청년 정치인의 숫자가 적어서만은 아니다. 청년을 위하는 것이 미래를 위하는 것이기 때문이다. 기득권에게 기울어진 운동장을 바로잡기 위해서이기도 하다.

대한민국의 부동산과 정치, 경제, 사회, 문화는 기득권 기성세대, 그중에서도 가진 자들에게 맞춰져 있다. 이러한 구조는 필연적으로 청년세대의 희생을 강요한다.

대표적인 예가 부동산이다. 집값이 너무 비싸서 출산은커녕 결혼조차 포기하는 청년세대를 생각한다면, 집값을 떨어뜨리고 양질의 중저가 주택을 많이 공급해야 한다.

그러나 이미 집을 구매한 사람은 반대하기 마련이다. 공급이 늘면 자산 가격이 하락하기 때문이다. 평생 모은 돈으로 집 한 채 겨우 샀는데, 자산 가치가 떨어진다면 반대하는 게 당연하다. 부동산 시장이 그만큼 우리 인생에 큰 영향을 미친다.

이처럼 기성세대가 부동산에 의지하다 보니 수많은 부작용이 속출하고 있다. 그중에 가장 큰 문제는 집값이 계속해서 상승하는 현상이다. 대부분의 정권은 집값이 조금이라도 떨어질 것 같으면 어떻게든 떠받치려고 애써 왔다. 거품이 너무 심해서 연착륙시켜야 하는 경우에도 최대한 조심스럽게, 선거를 피해서, 완만하게 떨어뜨리려고 노력했다.

이러한 암묵적인 사회적 합의(?) 때문에 "집값은 떨어지지 않는다." "사놓으면 언젠가는 오른다."라는 〈부동산 불패 신화〉가 확고히 자리 잡았다. 실제로 집값은 꾸준히 올랐다. 코로나 팬데믹이 끝난 후 미국이 금리를 올리기 전까지는 아무도 의심하지 않았다.

앞으로 집값이 어떻게 될지는 아무도 모른다. 그러나 부동산 경기와 무관하게 반드시 해야 할 일들이 있다.

첫째, 실질적이고 혁신적인 지방분권을 통해 수도권 과밀화를 해소해야 한다.

둘째, 결혼 또는 출산을 앞둔 청년세대에게 저렴한 아파트 및 임대주택을 꾸준히 공급해야 한다.

코로나가 전 세계를 강타하자 전 세계 정부가 돈을 풀었다. 미국은 양적완화라는 이름으로 4조 5천억 달러, 우리 돈으로 약 6천조 원을 풀었다. 이로 인해 전 세계에 버블이 끓어올랐다. 부동산이 과열되었고 코인 열풍, 주식폭등 등이 동시다발적으로 발생했다.

열심히 노동하는 사람이 아니라 빚을 내서 자산을 취득하는 사람이 돈을 버는 세상이 되었다. 특히 우리나라처럼 비교하기 좋아하는 사회에서는 사회적인 스트레스가 엄청날 수밖에 없었다. 성실하게 살던 사람들을 '벼락거지'라고 비웃기까지 했다.

　참다못한 청년들은 '영끌'을 했다가 진짜로 벼락거지가 되었다. 청년들이 이렇게 신음하는 동안 정치는 무엇을 했는가? 아무것도 하지 않은 건 아니었다. 그러나 딱히 좋아지거나 달라진 것도 없었다. 말 그대로 각자도생의 시대였다. 앞으로도 크게 나아질 가능성이 안 보인다.

　이런 현상을 타파하기 위한 방법은 두 가지다. 첫 번째는 기성 사회를 향한 정치적 투쟁을 하는 것이고, 두 번째는 투표를 하는 것이다.

　먼저 첫 번째 방법에 대해 이야기해 보자. 정치적 투쟁의 예는 촛불을 들고 거리에 나가는 것이다. 그래야 국민들과 국회, 행정부의 주의가 환기된다. '깨어 있는 청년들의 단결된 행동'을 통해 청년의 분노와 바람, 견해를 명확하게 알려야 한다.

　왜 청년들만 참고 인내해야 하는가? 구조적인 살인도 살인이다. 국가와 사회는 개인에게 얼마든지 잔인해질 수 있다.

성공적인 리부트를 위한 조건 (3)

두 번째 방법은 투표를 하는 것이다. 이게 첫 번째 방법보다 더 쉽고, 간편하고, 효과적이다. 투표는 힘이 세다. 이론적으로 거의 모든 걸 바꿀 수 있다. 그래서 부패한 일부 기득권이 투표권자들을 분열시키기 위해 최선을 다하는 것이다. '깨어있는 시민의 단결된 힘'이 얼마나 강한지 보여줘야 한다.

기성세대는 출생률이 낮아서 나라가 망한다고 호들갑을 떤다. '젊은 것들'을 원망하는 뉘앙스가 느껴질 때도 많다.

하지만 실질적으로 바뀌는 건 없다. 왜 그럴까?

그것은 표 때문이다. 2030보다 4060의 인구가 많고 투표율까지 높기 때문이다. '표에 미친' 정치인들이 2030보다 4060을 위한 정책을 펼치는 게 당연하지 않은가?

노파심에서 말하지만 정치인들의 행태가 옳다는 뜻이 아니다. 표에 목숨 걸 수밖에 없는 게 전 세계 정치인의 공통적인 속성이라면, 청년 정치인을 늘려서 청년이 자신의 운명을 결정할 수 있게 해줘야 하지 않을까.

최근 전남 화순군의 〈만원 아파트〉가 뜨거운 호응을 얻었다. 수도권이 아닌데도 경쟁률이 10대 1이었다고 한다. 이처럼 수요가 많은데도 정치권과 토건·언론 카르텔이 침묵하고 있다.

과연 우리나라가 가난해서 그런 걸까? 돈이 없어서 그런 걸까? "나라에 돈이 없는 게 아닙니다. 도둑놈이 많은 겁니다."라는 말을 굳이 인용하고 싶진 않다. 돈이 아니라 우선순위의 문제다. 청년들이 기성세대들에 비해 우선순위에서 밀리는 것이다.

예를 들어 소형 아파트 한 채의 건축비가 5천만 원이라고 치자. 국토교통부가 공동주택 건설을 위해 설정하는 기본형 건축비 190만원에 25평을 곱한 수치다. 25평이 좁다고 생각할 수 있지만 행복주택의 경우 방 세 개, 욕실 두 개가 충분히 가능하다. 땅값은 천차만별이니 국유지에 짓는다 치고 제외하자.

2022년의 신생아 수는 25만 명이었는데 둘째 이상의 비중은 37%에 불과했다. 그럼 둘째 아이 이상을 낳은 부부가 약 10만 쌍이고, 이들에게 아파트를 한 채씩 주기 위해서는 5조 원이 필요하다는 계산이 나온다.

1년에 5조 원만 있으면 둘째 이상의 아이를 낳는 부부들에게 집 한 채씩 줄 수 있다는 말이다. 물론 첫째 아이를 낳는 부부에게도 지원을 해줘야 하겠지만 5조 원 정도면 될 것이다. 예를 들어 집값의 절반인 2천 5백만 원은 유상으로 받으면 되기 때문이다. 첫째 아이까지 포함해도 10조~15조 원이면 된다는 소리다.

이 정책으로 신생아의 수가 두 배, 세 배가 되어서 인구 대체 출생률(Replacement Fertility Rate)인 2.1에 도달하더라도 2~30조 원만 있으면 된다. 1년 예산으로 660조를 쓰고 15년 동안 300조의 저출생 예산을 '때려박는' 대한민국이 충분히 감당할 수 있는 액수다. (위의 계산은 지나치게 단순하고 편의적이다. 집값의 주요 요소인 땅값을 0으로 잡은 것이 대표적이다. 그러나 다양한 방법을 고민해 보아야 할 때가 되었다.)

물론 단순히 아파트를 준다고 해서 출생률이 확 오르진 않는다. 수도권 과밀화를 해결하고 지방을 살려야 한다. 그런 조치 없이 저출생 대책을 집행하는 건 밑 빠진 독에 물 붓기다. 서울에는 둥지가 없고 지방에는 먹을 게 없으니까. 서울의 출생률이 0.59로 전국 최저인 이유가 바로 여기에 있다.

혁신적이고 감동적인 청년대책과 저출생 대책이 필요하다. 수많은 사회학자들과 활동가들이 이미 많은 대책을 내놓고 있다. 방법을 몰라서 못하는 게 아니다. 못하는 게 아니라 안 하는 것이다. "왜 안 할까?"라는 질문을 던져야 한다. "왜 안 하냐?"라고 따져 물어야 한다.

다시 말하지만 이것저것 따질게 많아서이고 우선순위에서 밀리기 때문이다. 그 원인은 투표율이 낮기 때문이다. 표가 안 되니까 정책 우선순위에서 밀리는 것이다. 그래도 우리나라는 외국의 2030보다는 높은 편이다. 그래서 청년문제에 그나마(?) 신경 쓰는 '척'이라도 하는 것이다. 청년이 투표를 포기하고 국가는 청년을 포기한 일본을 보아야 한다.

기성세대, 특히 기득권들은 이것을 의식적으로든 무의식적으로

든 느끼고 있다. 그래서 투표율이 높다. 국회의원들을 직접 만나서 요구사항을 전달하고 압박을 행사한다. 당근과 채찍을 노련하게 휘두른다. 국회의원이 지역구의 기업과 시민단체, 각종 모임, 지역 유지 등과의 만남이나 부탁을 거부하는 것은 결코 쉽지 않다.

2030은 반대다. 불만이나 문제의식이 있어도 온라인에서 냉소적·감정적으로 쏟아내고 만다. 그게 나쁜 건 아니다. 하지만 한 걸음 더 나아가야 한다. 촛불혁명은 온라인 혁명이 아니었다. 키보드로 세상을 바꾼 경우는 거의 없다. 개선은 가능할지 몰라도 개혁은 불가능하다.

정치인을 어떻게 다뤄야(?) 하는지, 정치에 어떻게 참여해야 하는지 관심이 적다. 내 일이 아니라고 생각한다. 정치와 정치가는 무조건 배제하고 '순수해야' 한다고 생각하는 사람도 많다.

하지만 이젠 안다. 청년세대가 지금까지 해온 방식으로는 아무것도 바뀌지 않는다는 사실을. 백 개의 댓글이 한 번의 행동만 못하고, 백 번의 행동이 한 번의 투표만 못하다. 내가 이 책에서 투표에 대해 지겹게 반복하는 이유가 여기에 있다. 청년 정치인들이 지금의 수십 배로 늘어나야 하는 이유도 그와 같다.

단편적인 예로 정치인들이 더 많은 표를 얻기 위해 기득권을 강화하고 청년세대의 희생을 강요하는 현상은 실제로 다른 나라에서 벌어졌었고, 지금도 벌어지고 있다. 대표적인 예가 이탈리아와 일본이다.

이탈리아는 베를루스코니 총리 집권기에 노인을 위한 포퓰리즘 정책을 폈다. 노인표가 청년표보다 많았기 때문이다. 그 결과 노인복지는 북유럽 국가들을 뺨칠 정도로 비대해졌지만 청년들의 삶은 피폐해져 갔다. 상당수 청년들이 한 달에 150만 원도 안 되는 돈으로 먹고 살아야 했다.

일본도 노인들의 투표율이 높다 보니 정책이 노인들 위주로 갈 수밖에 없었다. 자민당은 노인들의 복지를 보장하고 노인들은 자민당의 장기집권을 보장해준 것이다.

안 그래도 세습정치가 가능한 일본은-정확히 말해 자민당은-참 쉽게 정치를 해온 셈이다. 이런 현상이 수십 년간 계속되자 정치나 사회의 활력이 현저하게 감소하기 시작했다. 〈아베노믹스〉로 대표되는 극단적인 엔저와 천문학적인 부채를 통해 미래세대의 잠재력과 부(富)를 끌어쓰고 있다.

청년세대가 나중에 그 엄청난 빚을 갚느라 허리가 휘든 말든 상관없다는 식이다. 뻔뻔하고 노골적인 모럴 해저드(도덕적 해이)가 아닐 수 없다. 하지만 청년들은 관심이 없다. 끓는 물 속의 개구리처럼 서서히 익어가는데도 투표율이 낮다.

일본의 기성세대와 자민당은 청년들의 정치참여를 대놓고 꺼리고 있다. 투표용지에 후보의 이름을 정자로 쓰게 한다든지, 선거기간을 매우 짧게 잡고 선거운동에도 많은 제약을 둔다든지, 일본인들조차 혀를 찰 정도로 치졸한 방법을 쓰고 있다.

이 중에 선거법을 지나치게 까다롭게 만들어서 선거운동을 제약하는 것은 우리나라도 쓰는 방법이다. 현역 국회의원들은 사실상 4년 동안 선거운동을 할 수 있는데 정치초년생들은 할 수 있는 게 없다. 이것도 하루빨리 바꾸어야 한다.

그나마 이탈리아는 청년들과 야당들이 오성운동(Movimento 5 Stelle)이라는 연립정당을 출범시켜서 베를루스코니의 독주를 막았다. 그러나 일본에서 그런 일이 일어날 확률은 거의 없다.

그래서 자민당은 오늘도 안심하고 혐한을 한다. 일본이 좋았던 시절, 즉 식민지시대와 버블시대의 환상에서 벗어나지 못하는 중년층과 노년층에게 '먹히기' 때문이다.

그러는 동안 일본은 한국보다, 대만보다도 가난한 나라가 되어가고 있다. 전형적인 '국가는 부유한데 국민은 가난한' 국가가 되고 있는 것이다.

현재가 아무리 힘들어도 청년들이 희망을 품은 나라는 부흥할 수 있다. 아프리카 극빈국 수준이었던 '쌍팔년도' 대한민국이 한강의 기적을 이뤄냈다.

하지만 아무리 돈이 많아도 청년들이 절망하는 나라에는 미래가 없다. 이것이 바꿔야 할 가장 큰 명분이 되기도 한다.

그럼에도 불구하고 나는 우리나라가, 대한민국이 다시 날아오를 수 있다고 믿는다.

그런 희망마저 없었다면 나는 이 책을 쓰지 않았을 것이다.

성공적인 리부트를 위한
조건 (4)

지금까지 대한민국 정치를 성공적으로 리부트하기 위한 조건을 이야기했다. 첫째 조건은 청년 정치인을 제도적으로 대폭 늘리는 것이 었다. 정치인의 비율만 놓고 보면 〈남녀차별〉보다 훨씬 심각한 〈청년 차별〉을 해소하기 위해 청년 정치인의 숫자를 획기적으로 늘려야 한 다고 이야기했다.

둘째 조건은 그렇게 들어온 청년 정치인의 실력을 기르고, 실제 로 뽑을 수 있도록 만드는 것이었다. 이후 그들이 어떻게 세상을 바꾸 는지 지켜보고 응원해주는 것이다.

지금의 청년 정치인들은 선진국 정치인들과 달리 10대 때부터 정 치 교육, 토론 교육을 받지 못했다. '정치 유소년 리그'에서 트레이닝을 못 받은 것이다. 그래서 나를 비롯한 청년 정치인들은 매일매일 '맨땅 에 헤딩하는' 심정으로 악전고투를 거듭하고 있다.

이와 같이 첫 번째와 두 번째 조건이 성립하기 위해서는 세 번째 조건이 필요하다.

세 번째 조건, 그것은 바로 〈아름다운 세대교체〉다.

셋째, 아름다운 세대교체를 시작하자.

청년 정치인들이 늘어나면 자연스레 5070 정치인 중 일부는 아름다운 퇴장을 할 수 있다. 청년 정치인이 늘어나면 자연스럽게 유도될 것이다.

물론 굉장히 힘든 이야기다. 지나치게 이상적으로 들리는 게 당연하다. 권력은 아버지와 아들 사이에서도 나눌 수 없는 것이 아닌가? 의식주의 욕구만큼이나 강렬한 '권력에의 의지'를 어떻게 참으라고 할 수 있겠는가? "권력은 찬탈하는 것이다."라는 말도 있지 않은가?

조선시대에도 왕과 왕세자 사이에는 암묵적인 긴장감이 흘렀다. 왕은 현재의 권력이지만 지는 해고, 왕세자는 아직 권력이 없지만 뜨는 해였기 때문이다. 그래서 왕세자의 궁은 동쪽에 있었고 이름도 동궁(東宮)이었다. 태조 이성계와 태종 이방원, 선조와 광해군, 인조와 소현세자, 영조와 사도세자만 봐도 왕과 왕세자의 관계가 그리 단순하지 않다는 걸 알 수 있다.

아름다운 세대교체가 힘들지만 불가능하진 않다. 수백만 명이 몇 달 동안 광장에 모여 촛불을 드는 것이야말로 불가능에 가까운 일이 아니었던가? 그러나 우리는 해냈다. 그 덕분에 무능하고 타락한 정권을 뒤엎을 수 있었다.

지금으로부터 25년 전, 김대중 대통령은 총선을 1년 앞두고 386

운동권을 대폭 영입했다. 우상호 의원, 이인영 의원, 임종석 전 실장 등이 이때 영입되었다. 그들은 단순히 이미지 쇄신용 '얼굴마담'들이 아니었다. 꾸준히 성장해서 민주당의 핵심이 되었다.

하지만 이후 새로운 바람을 일으키지 못하고 다음 세대를 키우는데에는 실패했다. 이제는 청년세대가 정계에 들어오지 못하는 상황까지 만들어지고 있다. 지금 나는 특정 인물을 거론하는 것도 아니고 그분들이 의도적으로 청년 정치를 가로막았다고 하는 것도 아니다. 청년 정치인이 전체 국회의원의 1%, 서너 명에 불과한 현실이 결과적으로 그들에 의해 만들어졌다는 말을 하는 것뿐이다.

예전에 김대중·김영삼·김종필 세 분의 영향력은 막강했다. 오죽하면 〈3김(金) 시대〉라는 말이 있었겠는가?

하지만 그분들은 '포스트 3김 시대'를 고민했고 자신만의 방식으로 세대교체를 이뤄냈다. 특히 김대중·김영삼 전 대통령 두 분이 그랬다. 예컨대 김영삼 전 대통령은 김문수·박찬종·이재오·이회창·이홍구 전 총리 등을 영입했다. 이 중에는 김영삼 전 대통령과 개인적으로 불편한 관계였던 이도 있었다고 한다. 하지만 김영삼 전 대통령은 세대교체를 위해 통 크게 영입했고, 이들은 국민의힘 계열 정당에서 핵심적인 역할을 담당했다.

그런데 날이 갈수록 오히려 청년 정치인들을 '낭비'하는 경향이 심해지는 것 같다. "우리 당이 이렇게 청년들을 중요하게 생각한다"는 걸 보여주기 위한, 심하게 말하면 생색내기용 영입에 그치는 것이다. 길게 보고 함께 커가는 게 아니라 눈앞의 선거만 보고 뽑아서 '활용'한 다음에 나몰라라 하는 것이다. 30년을 함께할 나무가 아니라 1년이면 시들어 빠질 꽃을 영입하는 느낌이다.

정현종 시인의 〈방문객〉이라는 시는 다음과 같은 유명한 구절로 시작된다.

사람이 온다는 건
실은 어마어마한 일이다
(중략)
그의 미래와 함께 오기 때문이다.
한 사람의 일생이 오기 때문이다.

김대중 전 대통령의 〈아름다운 결단〉으로부터 약 한 세대가 지났다. 이제 김대중 대통령에 의해 정치를 시작했던 세대들은 누구보다 가열차게 〈아름다운 세대교체〉를 시작해야 한다.

그래야 청년도 살고 대한민국도 산다.

성공적인 리부트를 위한 조건 (5)

넷째, 아름다운 세대교체를 위해서는 청년들의 대오각성이 필요하다.

온라인 커뮤니티나 SNS에 글을 올리는 정도로는 안 된다. 오프라인 공간에서의 집회가 중요하다. 온라인에서만 떠드는 건 타조가 모래에 머리를 처박고 꽥꽥거리는 것과 마찬가지다. 물론 안 하는 것보다는 훨씬 낮지만 파급력은 오프라인 집회에 비할 바가 아니다.

더 나아가 상시적으로 모여서 토론하고 공부하는 공간이 있었으면 좋겠다. 586 운동권들이 대학을 거점으로 삼았던 것처럼 말이다.

다섯째, 한국사회의 모든 부분에서 대전환이 필요하다.

청년세대의 각성만으로는 부족하다. 청년들의 형님들, 언니들, 이

모들, 삼촌들, 어머니들, 아버지들의 공감과 연대가 필수적이다. 이대로 가면 대한민국은 미래가 없다는 공감대가 형성돼야 한다. 벌써 골든타임이 지나버렸는지도 모르지만 실버타임이나 브론즈타임은 남아있을지도 모른다. 늦었다고 생각했을 때가 가장 빠르다는 말도 있지 않던가?

미국의 경제학자 토드 부크홀츠는 "스파르타를 무너뜨린 것은 페르시아의 크세르크세스 왕이 아니라 저출생이었다."라고 말했다. 영화 〈300〉으로 유명한 군사강국 스파르타는 기원전 4세기의 인구가 전성기의 5분의 1로 급감하는 바람에 핵심전력이었던 중장보병을 유지하지 못하게 되었고, 이로 인해 끝내 멸망하고 말았다는 이야기다.

대한민국이 스파르타 꼴(?)이 되지 않기 위해서는 시대사적 대전환에 걸맞은 의식의 전환이 필요하다. 6.25 이후 70년 동안 대한민국을 견인해온 〈산업화 체제〉의 수명이 다했다는 인식이 널리 퍼져야 한다.

지금까지는 빠르고 효율적으로 가난에서 벗어나기 위해 〈능력주의〉와 〈승자독식〉을 바퀴로 삼고 〈무한경쟁체제〉를 엔진으로 삼아서 쉴 새 없이 달려왔다. 하지만 이제 그런 방식으로는 발전이 불가능한 것은 물론이고, 국가와 민족의 존립조차 위태로울 수 있다는 사회적 합의가 이루어져야 한다.

대한민국이 인적(人的)·사회적·경제적으로 환골탈태해야 하며, 이를 위해 '깨어 있는 청년들과 시민들의 조직적이고 정치적인 힘'이 주체가 되어야 한다는 컨센서스도 필요하다.

청년들이 정치판에 대거 들어와서 시대정신에 부응하는 혁신과 대전환을 시작하는 것, 그것만이 시름시름 죽어가는 대한민국을 살릴 수 있다.

지금까지 〈대한민국 리부트〉를 위한 다섯 가지 조건에 대해 이야기했다.

이 조건들이 전부, 완벽하게 갖추어지는 것은 불가능할 것이다. 지금 당장은 청년정치인이 충분히 늘어나고 당선 가능한 표를 얻는 것, 그것이면 충분하다.

변화의 핵심은 정치고, 정치의 핵심은 투표이기 때문이다.

세대투표로
정치판을 뒤엎어라!

누구나 정치에 참여할 수 있다. 그러나 아무나 정치인이 될 순 없다. 적어도 지금의 대한민국에서는 그렇다. 이게 무슨 말일까?

국회의원을 예로 들어보자. 우선 본선이 아니라 경선조차 통과하기 쉽지 않다. 당내 경선을 통과하기 위해서도 조직과 자금, 인맥이 필요하기 때문이다.

지역에 사무소를 내고 당원과 주민을 관리하는 것도 쉬운 일이 아니다. 일단 돈이 많이 든다. 설령 돈이 많다 해도 정치 신인이 모든 걸 알아서 하는 건 현실적으로 불가능하다. 선거법이 워낙 까다롭고 복잡하기 때문이다.

이와 같이 돈이나 인맥, 화려한 스펙 셋 중 하나라도 없으면 정치에 입문조차 하기 어렵다. 훌륭한 계획이나 열정이 있어도 뜻을 이루기 힘들다는 뜻이다. 예전보다는 많이 나아졌다고는 해도 아직 멀었다.

결국 오랫동안 정치낭인이 되거나 정치의 변두리에서 시키는 일을 하며 살 수밖에. 그러다 보면 "내가 이러려고 정치에 입문했나 자괴감이 들 수밖에" 없다.

그런 면에서 나는 운이 좋았다. 나는 돈도 없고 인맥도 없었다. 먹고 살기 위해 학교 앞에서 장사를 했고 집안이 빵빵하거나 정계에 아는 이가 있는 것도 아니었다. 그렇게 '아무것도 없는 청년'이라는 점이 오히려 가산점이 되었던 것 같다.

그런 생각을 하면 저절로 숙연해진다. 내가 제대로 하고 있는지 돌아보게 된다. 부족한 게 너무 많아서 얼굴이 화끈거린다. 부끄럽기 짝이 없다. 정신 똑바로 차리고 발바닥에 땀이 나도록 뛰자고 다짐하게 된다. 내가 잘해야 다음 국회에서 더 많은 청년의원들이 생길 거라고 생각하면 어깨가 무겁다 못해 부러질 것 같다. "젊은 애들이 뭘 하겠냐고 걱정했는데 전용기는 열심히 하더라, 항상 겸손한 자세로 배우려고 하더라, 점점 나아지더라."라는 말을 듣고 싶다.

나의 부족함과 별개로 제도적이고 법적인 제약이 많다. 청년들이 정치에 투신해서 뜻을 펼치기가 너무 어렵게 되어 있다는 뜻이다. 제도는 나름 잘 갖춰져 있지만 현실은 녹록지 않다. 법과 제도를 적용하고 평가하는 건 결국 사람이기 때문이다. 청년 정치와 '젊은 애들'에 대한 편견과 선입견도 온몸을 짓누른다. 우리나라에서는 나이가 벼슬이기 때문이다. 능력이나 기여보다 일단 "너 몇 살이야?"가 앞서는 나라에서는 과감한 시도와 자유로운 상상력, 창의성과 추진력이 온전히 발휘되기 힘들다.

인공지능이 판치는 시대에 농경시대의 논리와 산업시대의 마인드를 강요하는 낡은 관습을 밀어내고, 진정한 혁신을 시작할 수 있는 방법은 무엇일지 항상 고민되는 시점이다.

현재의 대한민국 청년들은 홍콩 청년들처럼 처절하게 싸울 필요도 없고, 미얀마 청년들처럼 목숨 걸고 내전을 벌일 필요도 없으며, 수십 년 전의 〈386〉 세대처럼 물고문을 당할 염려도 없다. 하지만 잠자코 있을 수는 없다. 그렇다면 조금이라도 젊은 사람, 젊은 생각이 돋보이는 사람에게 투표를 해보았으면 한다.

특정 정당에 투표할 필요도 없다. 물론 더불어민주당 소속 청년의원에게 투표해 주시면 더 좋겠지만 아니어도 상관없다. 총선이나 지방선거에서 각 정당들이 청년후보를 대거 내고, 예전보다 훨씬 많은 청년들이 현장에서 자신의 비전을 드러낸다면, 상황은 조금이라도 객관적으로 흘러가지 않을까 기대한다. 그리고 그 청년들을 찍어주기만 해도 누군가는 긴장할 것이고 그것이 시발점이 될 수 있다고 본다. 다시 말하지만 정말 쉽지 않은가?

물론 실제로 이렇게 되는 건 쉽지 않을 것이다.

그러나 의식만 바뀐다면 얼마든지 가능한 일이다. 특별한 기술도 필요 없고 시간이나 노력도 필요 없다. 신호탄만 쏘아올려져도 정치는 바뀌기 시작할 것이다.

젊은이에게 투표하라!
투표는 가장 날카로운 칼이고 가장 파괴력 있는 폭탄이다.
투표로 낡은 세상을 부수자!

부용

진짜 청년 정치를
시작하자

문제는 정치야,
바보야!

세상을 바꾸는 가장 빠르고 효과적인 방법은 〈투표〉다. 최소한의 노력으로 세상의 주인이 될 수 있다. 가성비와 시(時)성비가 모두 뛰어나다. 그러니 투표일에 친구가 놀러 가자고 하면 이렇게 외치자.

"문제는 정치야, 바보야!"

많은 사람들이, 또는 청년들이 80%의 투표율로 젊은 후보들에게 표를 몰아주면 어떻게 될까? 국회의원들과 정당들이 충격과 공포에 휩싸일 것이다. 지금처럼 물에 물 탄 듯, 술에 술 탄 듯 어정쩡한 청년 정책들은 옛말이 될 것이다. 청년들과 미래를 위한 아주 혁신적이고 강력한 정책들이 하루가 멀다 하고 쏟아져 나올 것이다. 서로 우리 당이 청년을 위한 당이라고 외치며, 뭔가 보여드리겠다며 읍소할 것이다. 표는 정치인의 모든 것이기 때문이다.

이게 끝이 아니다. 시작일 뿐이다. 큰 힘에는 큰 책임이 따르는 법이다. 사실 젊은 정치인에게 무작정 표를 몰아준다고 해서 모든 것이 끝나지는 않는다. 그렇기에 한국 정치를 뒤집어 엎은 뒤에도 감시를 계속해야 한다. 청년들의 손으로 뽑힌 청년 정치인들이 제대로 일하는지 '매의 눈'으로 지켜봐야 할 것이다.

과거에는 정치에도 정보의 불공정성이 다수 존재했다. 그러나 이는 기득권의 통치방식인지, 언론의 일방통행식 정보제공인지, 아니면 실제 대중의 관심이 부족해서인지 알 수 없었다.

이제는 달라졌다. 누구나 실시간으로 IT 기기를 통해 정보를 취사선택할 수 있다. 그렇다면 그에 대한 책임도 정확하게 물을 수 있을 것이다.

투자와 견제의 장치가 과거보다 객관적으로 자리를 잡았다면, 이제는 젊은 정치인들에게 더욱 공격적으로 투자해 볼 수 있지 않을까? 지금보다 조금이라도 진일보 할 수 있다면, 조금이라도 바뀔 수 있는 희망이 있다면 과감하게 결단해야 한다고 본다.

이제는 보여주어야 할 때이다. 더 많은 청년들과 정치인들이 세대 간의 갈등과 모순, 불균형과 불공정에 대해 계속 소리쳐야 할 때이다. 더 나은 사회를 만들고 새로운 시대정신을 세우기 위한 '창조적인 파괴'가 시급하기 때문이다.

불판을 갈아야 할 시간이 지났다. 오랫동안 고기를 구운 바람에 시커멓게 변색되어 끈적이고 있다. 이런 불판에 신선한 고기를 올려봤자 금방 눌어붙어 버린다.

독한 약품으로 불판을 닦는 것보다 불판을 가는 게 더 쉽다. 새로운 고기는 새 불판에 올려야 한다. 그래야 모두가 맛있게 먹을 수 있다.

지금이라도 당장 불판을 갈아야 한다. 국회의원의 3분의 1을 2040으로 물갈이해야 한다는 것, 그것은 새로운 불판을 깔기 위한 최소한의 필요조건이다.

청년 정치, 변화를 도모하기 위한 세대 정치는 죽어가는 대한민국을 살리기 위한 시대적 요구가 아닐까?

무적의 권법,
투표권

세상을 바꾸기 위해서는 세 가지가 필요하다. 그것은 위기감과 문제인식, 그리고 행동(실천)이다.

위기감은 주로 외부에서 온다. 외부의 상황변화와 사건·사고로 인해 충격을 받고 흔들려야 위기감이 생긴다. 즉, 위기가 이미 왔거나 올 거라는 생각이 들어야 위기감이 생기고, 위기감이 생겨야 바뀌어야 한다는 생각을 갖게 된다. 바뀌어야 한다는 생각이 없는데 어떻게 바뀌겠는가?

문제인식도 중요하다. 문제가 무엇인지 알아야 대책을 세우고 행동하기 때문이다.

문제인식이 맞는지 틀린지는 그 다음 문제다. 일단 생각하고 행동한 다음 수정해도 늦지 않다. 아무 생각이 없거나 아무것도 하지 않는 것보다는 훨씬 낫다.

위기감과 문제인식이 있어도 행동이나 실천이 없으면 아무것도 변하지 않는다. 실천이야말로 문제해결의 화룡점정이다. 문제해결의 알파이자 오메가다.

"행동하지 않는 양심은 악의 편이다."
김대중 전 대통령의 말씀도 같은 뜻일 거라고 믿는다.

앞으로는 20대와 30대가 혁명을 일으켜야 한다. 혁명이 어렵다면 혁신을, 혁신이 어렵다면 새로운 분위기라도 만들어야 한다. 새 세대가 새 시대를 위한 새 판을 짜야 한다.

투표라는 좋은 수단이 있는데 무엇을 망설이는가? 불가피한 경우가 아니라 단지 귀찮아서, 놀러 가고 싶어서 투표를 포기하는 건 아까운 권리를 포기하는 행위이다.

투표를 포기하는 건 미래를 포기하는 것과 같다. 투표를 하지 않고 사회와 정치를 욕하는 건 차려진 밥상을 걷어차면서 배가 고프다고 화내는 꼴이라는 말이 있다. 다소 과격한 표현들이지만 정치를 아는 사람들, 나라를 걱정하는 사람, 뜻있는 사람들이 이구동성으로 하는 말이다. 왜 그럴까? 투표하지 않는 것도 선택 아닌가? 개인의 선택에 대해 왜 이렇게 말이 많은가?

한 마디로 투표율이 낮아야 이익을 보는 집단이 있기 때문이다. 투표율이 낮아야 그들만의 카르텔과 이익을 유지할 수 있는 자들, 그런 자들이 대한민국에 한둘이 아니기 때문이다.

어느 정당에 투표해도 상관없다. 기권표도 좋다. 청년세대가 투표를 많이 한다는 사실만으로도 큰 힘이 되니까. 투표율이 바뀌면 정치권의 태도도 바뀐다. 정치인들이 청년들의 눈치를 보게 된다. 더 많은 청년들이 정당으로 영입될 것이다. 청년들을 위한 정책들이 몇 배나 많아질 것이다.

2030의 투표율이 50%일 때와 80%일 때는 정치인들의 눈빛부터 달라질 것이다. 그건 단지 30%의 차이가 아니다. 청년세대가 각성했다는 뜻이고 캐스팅보트가 될 수 있다는 뜻이다. 이제는 청년들의 목소리에 귀를 기울이지 않으면 큰일 난다는 뜻이다.

이처럼 청년들이 정치의 주체가 된다면 더욱 날개를 달 수 있을 것이다.

대한민국의 기득권 카르텔은 스스로의 힘으로 자정(自淨)하는 것이 불가능하기 때문에 새로운 세대의 단결된 힘으로 뒤집어 엎어야 한다. 허황되게 들릴지라도 반드시 해야 한다. 세상을 바꾸는 것은 한 번도 쉬운 적이 없었기에 아무리 허황된 꿈이라도 '지푸라기라도 잡는 심정'으로 포기하지 말아야 한다.

위기를 기회로
만드는 길

인구가 급감하고 청년들의 비중이 낮아지면 어떻게 될까? 안 그래도 불안한 젊은이들의 입지가 더더욱 줄어들 것이다. 심지어 일본은 이미 그렇게 된 지 오래다. 그래서 상당수의 일본 젊은이들은 국가에 대한 기대를 접었다는 말이 있다. 우리나라 청년들도 많은 걸 포기하고 살지만 국가에 대한 기대까지는 포기하진 않았다. 정치에 분노도 하고 촛불도 들고 온·오프라인에서 목소리도 낸다.

힘을 모아 한목소리를 내기가 힘들어서 그렇지 한 번 들고 일어나면 세상을 바꿀 수 있다고 믿는다. 언젠가는 좋은 세상이 올 거라는 믿음도 아직 버리지 않았다. '정치효능감'을 간직하고 있는 것이다.

많은 사회과학 연구자들이 이 부분을 긍정적으로 생각한다. 일본의 사토리 세대와 중국의 탕핑족보다 낫다는 말이다.

〈사토리 세대〉는 모든 것을 포기한 일본 젊은이들을 뜻한다. 사토리(悟)는 깨달음에 이르다, 즉 해탈했다는 뜻이다. 좋은 말로 '해탈'이지만 사실은 '포기'다.

중국에는 〈탕핑족〉이 있다. 평상에 누워 아무것도 하지 않는다는 뜻이다.

사토리 세대 중 상당수가 아무것도 하지 않는다. 무슨 짓을 해도 세상이, 나라가, 기득권이 바뀌지 않는다고 생각하기 때문이다. 탕핑족들은 더하다. 아예 취업도, 소비도 하지 않는다. 그러한 생활방식이 저항의 방식이라고 믿는다.

대한민국 젊은이들이 중국과 일본을 따라갈지도 모른다는 우려도 있다.

그렇게 되면 안 된다. 청년의, 청년에 의한, 청년을 위한 정치를 지금 당장 시작해야 한다. 골든타임을 놓치면 우리도 일본과 중국처럼 될 수 있다는 심각성을 가져야 한다. 더불어 저출생으로 인한 인구감소와 지방소멸을 고려하면 그들보다 더 심각할 가능성이 크다.

그럼 어떻게 해야 할까?

대한민국의 정치도 "청년의 정치"가 되어야 한다. 나이가 적고 생각이 젊은 사람들이 더 많이 정계에 진출해야 한다.

청년 정치인과 청년세대가 정치의 주체가 돼야 한다. 내 운명과 내 미래는 나 자신이 만든다는 주인의식을 가지자. 기성세대나 기득권으로부터 시혜를 받는 게 아니다. 우리가 주인이다. 기득권이 기회를 독점하는 바람에 시도도 하지 못하고, 정당한 주권조차 행사하지 못하는 현실을 바꿔야 한다. '그들'이 부추기는 정치혐오와 냉소, 무관심을 깨부숴야 한다. 깨어있는 시민들의 조직된 힘 앞에 청년들의 단결된 힘이 필요하다.

위기를 기회로 만드는 길은 멀리 있지 않고 청년 그 자체일 수도 있다.

깨어있는 시민들의 조직된 힘은 이미 수차례 배우고 경험한 적이 있다. 그렇기 때문에 그 힘이 아주 강하다는 것도 잘 알고 있다. 우리 손으로 뽑았던 권력도 깨어 있는 시민들의 조직된 힘으로 강하게 견제하여 권력을 바꾸는데 성공을 해본 경험이 있기 때문이다. 다만 우리만 그 힘을 알고 있는 것이 아니라는 것도 또 하나의 문제점으로 꼽힌다.

기득권과 정치인들은 이 힘이 얼마나 강한지를 더욱 잘 알고 있다. 그래서 끊임없이 청년들을 정치에서 배제시키고 분열시키려고 한다. 그들이 빌런이라서가 아니다. 기득권의 속성이 원래 그렇다고 본다.

지금 정치권만 봐도 그렇다. 70년생조차 많지 않다. 심지어 더불어민주당도 그렇다.

지금 40대인 70년대생들이 20대였을 때 〈X세대〉라고 불렸다. X세대, 신세대는 〈MZ세대〉가 〈요즘 것들〉 취급을 받았던 것과 비슷한 취급을 받았다.

다른 나라에서는 정치의 중심을 차지하고 있어야 할 40대조차 대한민국 정치판에서는 많지 않다. 우리나라에서도 다른 분야에서는 40대가 핵심인데 유독 정치판에서는 많지 않다.

이렇게 대표성이 왜곡되어 있으니까 청년들의 고통이 외면받는 것이다. "가난하고 엄혹하던 시절에 군사독재정권과 목숨 걸고 싸운 586"들의 눈에는 "우리가 만든 선진국 대한민국에서 잘 먹고 잘 살면서 불평불만만 많은 나약한 세대"라고 보이지 않겠는가? 불과 몇 년 전만 해도 그런 인식을 노골적으로 드러내는 기성세대도 많았다. 이제는 '꼰대' 취급을 당할까 봐 드러내놓고 말하지 않을 뿐이다.

　내가 청년세대가 정치에 들어와야 한다고, 청년의, 청년에 의한, 청년을 위한 정치를 해야 한다고, 지금의 정치판을 뒤엎어야 한다고 목놓아 부르짖는 이유가 여기에 있다. 또한 금수저가 아닌 흙수저 청년들이 정치에 입문함으로써 점점 심해지는 승자독식과 양극화를 완화시키는 효과도 있다.

　프로파일러 출신 국회의원이었던 표창원 전 의원은 이렇게 말했다.

> "50대 이상의 남성이라는 동일 집단 대다수가 모여 똑같은 권력다툼, 이권투쟁만 반복하는 한국 정치의 현실 타개를 진정으로 바란다면 청년 정치 정상화부터 시작해야 한다."

> "기성 정치권력이 청년들 중 자신의 취향에 맞는 개인을 골라서 특혜성 자리를 마련해주는 지금의 청년 정치는 기성 정치의 '식민지'다. '스타성 차출'과 '반짝 이용'이 아닌 '육성형 청년 정치'의 시작이 필요하다."

정치권이 새겨 들어야 할 이야기라고 생각한다.

바람직한
청년 정치인의 조건

대한민국 국민의 상당수는 '비정규직 흙수저'들이다. 정규직이라 해도 대다수가 중소기업에서 일하고 있다. 기업체 수 기준으로 99.9%, 종사자 수 기준으로 81%의 기업이 중소기업이기 때문이다.

이런 국민들을 제대로 대표하기 위해서는 중소기업과 비정규직의 애환을 진심으로 이해할 수 있어야 한다. 직접 겪어본 정치인이면 더 좋고. 어쨌든 '젊은 금수저', '청년 기득권'은 곤란하다.

생물학적인 연령만 청년인 '젊은 꼰대'도 안 된다. 2030의 삶과 관련된 구체적인 경험과 스토리를 가진 사람들이 정계에 들어와야 한다. 선거 때마다 '영입'되는 소수를 말하는 게 아니다. 거대 양당인 국민의힘과 더불어민주당에서 각각 50명 이상의 2030(또는 2040) 후보들이 총선에 출마해야 한다. 이들이 당선된다고 하더라도 국회의원 정원 300명의 3분의 1(33%)인 셈이다. 현실성 없는 이야기로 치부될 수 있지만 인구비율을 생각하면 그것도 적다.

취준생, 간호사, 자영업자, 프리랜서, 직장인 등 다양한 직군을 출마시켜야 한다. 그래야 "정치는 나와 상관없는 돈 많은 꼰대들의 리그"라는 생각을 없앨 수 있다. 진정한 생활정치를 시작할 수 있다.

그래야만 돈과 시간이 남아돌아서 '한 자리 차지하려고' 정치권을 기웃거리는 정치낭인을 줄일 수 있다. '일하다가 정치하고 정치하다가 일터로 돌아가는' 북유럽식 정치가 가능해진다.

학벌이나 인지도, 화제성 같은 '상품성'을 기준으로 뽑으면 안 된다. 이제까지 우리 사회에 어떤 기여를 했고 앞으로 어떤 기여를 하고 싶은지, 명확한 신념과 비전을 봐야 한다.

국회의원이 되어서 보고 느낀 한국 정치는 예전에 알던 모습과 굉장히 달랐다. 생각보다 훌륭한 부분도 있었고 실망스러운 부분도 많았다.

확실한 건 이대로는 안 된다는 거였다. 세대교체가 되어야 한다. 현재 대통령 출마는 40세 이상으로 제한되어(2022년 법 개정되어 국회의원의 경우 18세 이상) 있는데 이게 무슨 의미가 있는지 잘 모르겠다. 외국, 특히 유럽을 보면 젊은 대통령, 총리들도 충분히 잘하고 있다. 설마 우리나라 2030이 유럽 2030보다 열등하다는 뜻인가? 절대 아닐 것이다.

아마 우리나라 특유의 나이 문화 때문일 것이다. 하지만 잘못된 것은 납득하고 넘어가는 게 아니라 다 함께 고쳐 나가는 게 맞다. 기성세대와 청년들이 2030을 치기 어린 MZ세대 정도로 치부하는 한 아무 것도 바뀌지 않는다.

청년이 스스로 나서서 바꿔야 한다. 정치는 바로 그것을 위해 존재하는 시스템이자 도구다.

정치는 정책을 결정하는 과정이고 정치인은 결정권자다. 그래서 정치인은 이해당사자들의 이야기를 모두 들어 봐야 하고, 여러 차례의 토론을 통해 최고가 아닌 최선의 해결책을 찾아야 한다.

그런데 5060 정치인은 당연히 자신의 나이에 맞는, 즉 5, 60대에 대한 공감대를 가지고 있을 수밖에 없다. 그래서 의도하든 하지 않든 그에 맞는 정책을 수립하고 실행할 수밖에 없다.

이렇게 수십 년이 지나자 법과 제도, 경제구조, 사회구조가 의도하든 의도하지 않았든 청년의 희생을 강요하고 있다. 그래서 결혼도, 연애도, 출산도, 심지어 자기 목숨조차 포기하는 청년들이 늘어나고 있다.

이러한 현실을 타파하기 위해서는 정당이나 파벌을 막론하고 2030 국회의원이 30% 이상이 되는 걸 당연하게 생각하게 만들어야 한다. 물론 많은 어려움이 있을 것이다. 정치와 현실을 모르는 소리라는 이야기를 들을지도 모른다.

이와 관련해서 내가 최근에 인터뷰한 내용을 수정하지 않고 그대로 실어본다.

"(청년들의 요구나 열망을 국회가 잘 안 들어주는 것 같다는 질문에 대해 설명하며) 이런 이유 때문에 2030 이야기는 안 들어주는 것처럼 느낄 수밖에 없는 거예요. 그래서 청년 정치인들이 많이 나와야 된다고 하는 게, 청년 정치인들은 20~30대의 공감대를 가지고 있기 때문에 예를 들어 예산 100만 원을 A한테 줄지 B한테 줄지 결정할 때, 더 공감하는 A에 주지 않겠냐. 그

래서 여러분들이 더 많이 분노해야 되고 여러분들이 (거리로)
더 많이 나와서 여기에 힘을 실어주셔야 합니다."

문제의식을 갖는다는 것, 그 자체로도 의미가 있다. 그것마저 없는 것보단 백 배 천 배 낫다. 문제해결을 위한 첫걸음은 내딛은 셈으로도 볼 수 있다.

하지만 거기서 한 걸음 더 나아가야 한다. 행동력이 중요하다. 시민들과 청년들은 누가 자신들을 위해 일하는 정치인인지 옥석을 가리는 노력을 해야 한다. 투표로 칭찬하고 응징할 수 있어야 한다.

물론 정치인들도 열심히 해야 한다. 밤새워 고민한 법안을 통과시키기 위해 발로 뛸 줄도 알고, 불의를 막기 위해 들이받을 줄도 알아야 한다. 1990년 초, 노태우·김종필·김영삼의 3당합당을 막기 위해 질 줄 알면서도 주먹을 치켜들며 "이의 있습니다! 반대토론 해야 합니다!"라고 외쳤던 44세의 국회의원 노무현처럼 말이다.

청년들이여!
정치에 관심과 애정을 가지자. 제발 포기하지 말자. 청년세대가 세상에 대한 기대를 접고 자포자기하는 세상은 아무도 바라지 않는다. 청년이 희망을 품지 않는 나라, 청년에게 희망을 갖지 않는 나라는 서서히 망해갈 수밖에 없다.

정치 기득권의
사다리 걷어차기

국회의원들과 정당들은 틈만 나면 청년이 중요하다고 말한다. 그러나 그들은 때로는 교묘하게, 때론 노골적으로 정치신인들을 차별하고, 가로막고, 배제해 왔다.

정치권만큼 청년들에게 불공정한 분야는 많지 않다. 한 마디로 내로남불이다. 2040 정치인의 숫자가 10%밖에 안 되는 것, 국회의원들의 평균연령이 환갑에 육박한다는 게 명백한 증거다.

현역 의원들과 정치 고인물들의 '정치 철밥통 지키기' 방법은 다양하고 교묘하다. 이 중에서 가장 효과적인 방법은 선거법을 이용하는 것이다. 선거제도를 복잡하게 만들고 선거법을 까다롭게 만들어서 '진입장벽'을 높이는 것이다.

선거법과 선거제도가 복잡할수록 정치 신인에게 불리하다. 첫째,

선거법이 복잡할수록 후보에 대해 제대로 알아보거나 검증하기 힘들다. 이것도 안 되고 저것도 안 되고, 조금만 잘못하면 '선거법 위반사범'이 되어 당선이 취소될 수 있으니 위축될 수밖에 없다.

선거법이 이렇게 까다롭다 보니 창의적인 선거운동은 꿈도 못 꾼다. 늘상 하던 대로 해야 한다. 정치신인들도 답답하고 유권자들도 답답하다.

그렇다고 중앙선거관리위원회(선관위)가 그런 정보를 대량으로, 심층적으로 주지도 않는다. 후보의 SNS, 동영상, 각종 자료 등을 한 번에 볼 수 있는 사이트 구축이 그렇게 어려울까? 그렇게 돈이 많이 들까?

안 하는 건지 못 하는 건지 모르지만 유권자들은 동네 마트 할인 상품 전단지 같은 선거공보물만 보고 후보를 선택해야 한다. 그러다 보니 인물보다는 정당을 보고 투표하게 된다. 그게 더 쉽고 직관적(?)이기 때문이다. 결국 인지도와 호불호가 뚜렷한 두 개의 거대 정당이 선택받게 된다.

이렇게 정당의 '간판'이 중요해질수록 각 정당의 공천권자들의 힘이 세진다. 그 결과 국회의원들은 평소에도 '지도부'의 지휘-사실상의 지시-를 따를 수밖에 없다. 헌법이 보장하는 입법기관으로서의 자존보다 소속정당의 목적과 당내 유력 정치인의 목표가 더 중요하게 취급되는 일이 비일비재하다.

이러한 이유로 대부분의 국가들, 특히 선진국들은 유연하고 개방적인 선거제도를 가지고 있다. 우리나라도 선거법을 포지티브 규제가 아니라 네거티브 규제로 바꾸자는 목소리가 오래전부터 있어 왔는데도 변하지 않는 이유가 여기에 있다. (참고로 포지티브 규제는 허용되는 것만 정한 다음 그 이외는 전부 금지하는 방식이고, 네거티브 규제는 금지되는 것만 정한 다음 그 외에는 전부 허용하는 방식이다.)

　　사실 선관위도 억울할 것이다. 선관위는 선거를 '관리'하는 곳이지 선거의 룰을 만들어내는 곳이 아니기 때문이다.

　　선거법을 만드는 것은 입법기관인 국회의원들이다. 그럼 국회의원들은 왜 까다롭고 복잡한 선거법을 만든 것일까? 이에 대한 대답은 앞에서 이미 했다. 현역 의원들에게 유리하기 때문이다.

　　그런데 선거법보다 더 안전하고 확실한 방법이 있다. 그것은 지역구 활동 그 자체다. 이것이야말로 합법적인 선거운동이다. 중임(연임)이 가능한 미국 대통령들이 웬만하면 재선에 성공하는 이유도 여기에 있을 것이다.

　　문제는 입법 활동보다 지역 행사를 우선시하는 경향이 있다는 점이다. 법률 제정을 위한 회의나 간담회에 불참하고 지역구 유권자들이나 시민단체와 만나는 것이다. 타운홀 미팅, 지역사무소에서 개최되는 회의, 지역주민들과의 만남 등등… 이로 인해 법안 제정을 위한 의결 정족수를 못 채우거나 입법 일정에 차질이 생기는 일이 비일비재하다.

　　물론 국회의원이 자기 지역구를 챙기는 게 잘못은 아니다. 하지만 의도야 어쨌든 이런 활동 자체가 다음 선거에 큰 이점이다. 까다로운 선거법 때문에 아주 짧은 기간 동안 한정된 홍보 활동밖에 못 하는 정치신인들에게 불리할 수밖에 없다.

　　이런 현상이 오래 지속된 결과, 대부분의 정당에서 '고인물'들이 우글거리게 되었다. 오히려 당대표가 아니라 '당 총재'라고 불리던 3김(김대중, 김영삼, 김종필) 시대에는 총재가 강력한 리더십으로 물갈이를 할 수 있었다.

그러나 지금은 그럴 수도 없고 그래서도 안 된다. 그러다 보니 언론이나 여론의 관심을 받는 중진들이 계속 전면에 나서게 되고, 새로 진입하는 정치신인들은 그들에게 줄을 대고 의지할 수밖에 없는 구조가 굳어지고 말았다. 이것이 바로 '계파'다.

우리 사회가 기득권들의 '사다리 걷어차기'와 '장벽 세우기'로 병들고, 청년들이 고통받고 있다고 생각한다면 국회가 먼저 바뀌어야 한다. 하지만 기존 정치인들로는 근본적인 변화가 불가능하다. 따라서 '젊은 피'가 대량으로 수혈되어 게임의 룰 자체를 바꿔야 한다.

정치에도
유소년 육성 시스템이
필요하다

　얼마 전에 17세 이하 축구대표팀이 아시안컵에서 준우승했다. 석연치 않은 판정 탓에 우승은 못 했지만, 예전보다 확연히 좋아진 기본기와 전술 이해도가 인상적이었다.

　2002년 한일월드컵 4강 신화 이후 많은 어린이들이 축구선수를 꿈꾸었다. 유럽 축구의 전술과 지도법이 도입되었고 골든에이지 프로그램과 같은 유소년 육성 시스템이 가동되었다. 그렇게 20여 년 동안 협회와 지도자, 어린이와 학부모들이 노력한 결과 유소년 선수들의 실력이 많이 향상되었다. 국제대회에서도 꾸준히 좋은 성적을 내고 있다.

　정치도 이렇게 되어야 한다. 우선 초등학교와 중고등학교에서 민주시민을 양성하는 교육이 실시되어야 한다. 토론교육을 통해 비판적인 사고력과 스스로 생각하는 힘을 길러줘야 한다.

　이렇게 하다 보면 특출한 리더십과 소통능력, 정치력을 가진 '정치 유망주'들이 등장할 것이다. 그러면 그들 중에서도 갈등을 조정하고 공동선을 추구할 줄 아는 청소년들이 두각을 나타낼 것이다.

이들이 자연스럽게 정당이나 시민단체, 정치 동아리, 풀뿌리 민주주의 조직 등을 통해 부각되어야 한다. 정치에 재능과 열정이 있는 청소년들이 많아져야 한다.

정치를 직업으로 삼지 않아도 좋다. 이런 청(少)년들이 많다는 것만으로 우리나라 정치는 훨씬 업그레이드될 것이다. 적어도 지금까지처럼 의사, 검사, 아나운서, 법조인, 연예인, 기업인 등이 깜짝 발탁되는 것보다는 훨씬 낫다.

최고의 엘리트라는 검찰총장 출신 대통령조차 정치가 뭔지 몰라서 좌충우돌하며 국민들을 피곤하게 만들고 있지 않은가? 국민들이 언제까지 '자기 분야에는 전문가지만 정치에는 아마추어 초짜인' 유명 인사들의 시행착오와 무지를 참아야 하는가??

다른 분야는 1만 시간, 10년은 해야 전문가가 된다고 하면서 정치는 아무나 해도 된단 말인가? 당장 선거에 이기기 위해, 분위기를 쇄신하기 위해 마구잡이로 외부 인사를 영입하는 정치가들이야말로 정치를 우습게 보는 것 아닌가?

게다가 특정 분야의 전문가일수록 오히려 국민정서나 시대변화, 일반상식에 무지한 경우를 많이 본다. 국민들은 "교육비리 관련 수사를 많이 했으니 나도 교육 전문가다!"라는 말을 듣고 황당함을 넘어 참담함을 느끼고 있다.

이런 식의 "내가 해봐서 아는데" 정치는 오랫동안 고위공직자를 하셨던 국무총리가 택시 기본요금이 천원이라고 한 것보다 훨씬 나쁘다. 무지는 자기 자신만 파괴하지만 오만과 나르시시즘은 타인들을 고통에 빠뜨리기 때문이다. 또한 권력을 가지고 있다는 이유로 다른 분야의 전문가들, 즉 교육 전문가, 부동산 전문가, 경제 전문가 등을 싸그리 무시하는 행태다.

만약 10~20대부터 정치에 관심을 가지고 나이에 맞는 경험과 공부를 했다면 어떨까? 정치가 무엇이고 법률은 어떤 과정을 거쳐 만들어지는지, 정당들과 이익단체들, 지역과 산업계, 세대와 성별 간의 갈등을 어떻게 조율해야 하는지 몸소 경험한 정치인들이 많아지면 어떨까?

이런 '유소년 정치인'들이 30대, 아니 20대만 되어도 풍부한 경험을 가진 '정치 전문가'가 될 것이다. 이들 앞에서는 어설프게 나이를 내세울 수 없다. 정치적인 식견과 인맥, 경험만큼은 의사나 검사 생활을 하다가 정치에 막 입문한 5060보다 훨씬 뛰어나기 때문이다. 마치 40대에 배우가 된 중년 연기자가 10~20년의 연기 경력을 가진 아역배우 출신의 2030 연기자를 선배로 대접하는 것과 같다. 우리는 전문가를 원한다. 병원에 가도 전문의를 원하고 하다못해 냉장고나 에어컨을 고치는 기사님들도 전문가이길 바란다. 책이나 유튜브를 볼 때는 저자나 유튜버가 얼마나 전문가인지 확인한다. 그런데 왜 유독 정치는 아무나 해도 된다고 생각하는가?

국민들도 발상의 전환을 해야 한다. 어릴 때부터 정치를 경험한 국회의원들이 지금보다 훨씬 많아져야 국민들을 좀 더 잘 대표할 수 있다는 점을 고려해봐야 한다. 참신한 정치신인이 아니라 오랫동안 정치를 배우고 경험한 청렴하고 유능한 인물이 낫다는 인식을 가져야 한다.

이런 기준에 가장 잘 맞는 정치인은 10~20대부터 정치판에서 '잔뼈가 굵은' 2040 정치인이다. 경험과 열정, 안정감과 체력을 모두 갖고 있기 때문이다. 실제로 유럽에는 10대에 정치계에 입문해서 20대에 이미 10년 이상의 경력을 가진 정치가들이 많다.

30~40대는 '허리'다. 20대에 사회에 진출해서 60대에 은퇴한다고 할 때, 30대에서 40대가 가장 많은 일을 하는 것이 일반적이다. 어느 정도 경험이 쌓이고 열정과 체력도 쌩쌩하기 때문이다. 특히 우리나라는 50대에 퇴직(當)해서 반강제적으로 제2의 인생을 모색해야 하는 경우가 많다. 그래서 어느 조직에서든 30~40대가 실질적인 일꾼 역할을 하게 된다.

그러나 우리나라는 유독 정치계만이 30~40대가 아주 적다. 개미처럼 허리가 아주 얇고 부실한 셈이다. 개미와 달리 인간은 허리가 튼튼해야 힘을 쓴다. 그러나 현재의 정치권은 머리, 즉 50대 이상이 비정상적으로 큰 '대두형 인력구조'를 이루고 있다. 좀 더 정확히 말하면 역삼각형, 역피라미드형이다. 2030의 수가 적기 때문이다.

10대와 20대가 정치에 관심을 가지거나 투신하기 힘든 구조도 문제다. 젊은 세대일수록 공포와 불안에 질려 있다. 돈이 없으면 신분이 낮아진다고, 하층민으로 무시받으며 살아야 한다는 걱정이 앞선다. 이들은 집과 차와 학벌과 사는 곳으로 자신의 신분을 증명해야 한다고 믿는다. 그러지 못할 경우엔 사회를 증오하고 자신의 자존감을 깎아내리는 경우가 허다하다.

열심히 하고 싶어도 나이 많은 노장들만 출전 기회를 얻고 젊은 선수들은 기회조차 못 받는 격이다.

대한민국의 모든 분야가 크고 작은 혁신을 통해 앞으로 나아가고 있는데 정치는 고여서 썩어가고 있다. 급변하는 사회를 선도하기는커녕 따라가지도 못해서 발목을 잡고 있다.

정치가 아니라 정치인이 문제다. 정치를 아는 게 문제가 아니라 모르는 게 문제다.

관심과 감시,
이것만이 살아남는 길이다.

한국 정치는 수십 년 동안 끊임없이 비판받아 왔다. 국민들에게 신뢰와 사랑을 받기는커녕 욕받이가 되어 왔다. 한국 정치가 사람이었다면 욕을 하도 먹어서 불로장생했을지도 모른다.

이제는 더 이상 욕하기도 지쳤다며 관심조차 없는 분들이 많다. 악플보다 무플이 더 무섭다는데 정치인들은 오히려 그런 상황을 조장하기도 한다.

"피할 수 없으면 즐겨라!"라는 긍정 마인드라서가 아니다. 국민들이 정치에 무관심할수록 정치하기 편하기 때문이다. "정치하는 놈들은 다 거기서 거기야!"라는 인식이 만연하면 무능하고 부패한 정치인들이 이득을 본다. 무관심의 장막 뒤에 숨어서 사리사욕을 채울 수 있기 때문이다.

반면 양심적인 정치인, 열정적인 정치인, 문제의식을 가진 정치인들은 손해를 본다. 열심히 해봤자 아무도 알아주지 않기 때문이다.

따라서 유권자들이 항상 감시하고 투표로 심판해야 한다.

가난한 나라에 독재정치가 많고 부유한 복지국가에 민주주의가 많은 이유가 여기에 있다. 시민들이 경제적으로 풍요롭고 시간적으로 여유로워야 정치를 감시하고 비판할 수 있기 때문이다.

노예제 사회였던 고대 그리스에서 민주주의의 이념이 발달한 이유가 여기에 있다.

대한민국 국민들의 특별함과 위대함이 여기서도 드러난다. OECD 최고 수준의 노동시간 때문에 저녁도 주말도 없는 삶을 살면서도 민주화에 성공했기 때문이다.

하지만 87년 체제가 시작된 지 40년을 바라보는 지금, 선진국이 되었다고 자화자찬하는 대한민국의 민주주의는 과연 그때보다 발전했는가? 총과 칼에 의한 군사독재가 돈과 학벌에 의한 자본독재로 바뀌었을 뿐이 아닐까?

기득권들이 '꽉 잡고' 있는, 그래서 2040 정치인이 멸종위기에 처한 정치 시스템, 〈세습 중산층〉을 양산하기 위해 기능하는 교육 시스템, 프랑스혁명 때만도 못한 극단적인 자산양극화와 노동시스템, 절망한 청년들이 결혼과 출산은 물론이고 경제활동조차 포기하는 사회시스템… 이것들만 봐도 한국 정치를 의심할 이유는 충분하다. 최소한 근거 없는 피해망상은 아니다.

만약 정치가 아니라 기업이나 스포츠였다면 어땠을까? 이따위(?)로 하고도 무사할 수 있었을까? 축구나 야구가 정치처럼 파벌싸움에만 골몰하며 발전이 없다면? 그것도 수십 년 동안? 국민들은 과연 축구·야구에 관심과 애정을 계속 보내주었을까? 아마 아닐 것이다. 그런 면에서 정치인들은 "국민들에게 과도하게 비난받고 있다."고 억울해할 필요가 없다. 오히려 국민들의 관대함과 인내심에 감사해야 하지 않을까?

대한민국 청년세대가 처한 상황을 유소년 축구와 비교해보면 더욱 그렇다. 수많은 선수들이 바늘구멍 같은 기회를 잡기 위해 최선을 다하는데, 아빠찬스 엄마찬스를 쓸 수 있는 선수들만 선발된다면 나머지 선수들의 기분이 어떻겠는가?

선수로 선발되고 나서도 문제다. 부모 잘 만난 금수저 선수들은 하루종일 축구에 전념할 수 있는데, 그렇지 못한 선수들은 비정규직이나 아르바이트를 전전하며 돈을 벌어야 한다면? 실력대로 공정하게 평가받지 못한다는 생각에 불만과 좌절을 느낄 수밖에 없다.

게다가 감독과 코치진, 단장과 프런트가 유소년 선수들의 이러한 고충에 관심이 없다면? 또는 관심이 있어도 엉뚱한 대책만 내놓는다면?

이런 축구팀의 유소년 선수들이 어떻게 꿈과 희망을 가지고 열심히 연습을 하겠는가? 팀의 성적이나 순위도 좋을 리 없다.

정작 실제 유소년 축구는 지난 20년 동안 꾸준히 발전해 왔다. 더 이상 예전처럼 구타하지 않고, 지도자에게 돈이나 향응을 제공하는 관행도 상당히 많이 사라졌다고 한다. 실력만 뛰어나면 흙수저라도 어지간하면 운동을 계속할 수 있다고 한다.

전술과 플레이에도 창의성을 강조하고 있으며 예전처럼 윽박지르거나 주입식 교육을 고집하지도 않는다. 지도자들도 나름 많이 노력해 왔기 때문이다. 유럽 선진축구를 자유롭게 볼 수 있게 된 것도 모두에게 좋은 영향을 주었다.

한 마디로 구시대의 낡은 축구가 선진축구로 거듭난 것이다. 지도자들의 나이와 마인드가 젊어지고 해외 선진 기술과 교수법을 배워서 세계 수준, 글로벌 스탠다드에 근접하기 위해 노력해온 결과다. 그 결과 많은 한국 스타플레이어들과 유소년들이 유럽에 진출해서 노력하고 있다. 세계 최고의 빅클럽에 이적하는 선수들도 꾸준히 나오고 있다.

선수들과 관중들, 구단주도 중요하지만 감독과 코치진, 단장과 프런트도 중요하다. 그들이 바로 서야 그 팀이 바로 설 수 있다. 국민들도 중요하지만 정치부터 정신 차려야 하는 이유가 여기에 있다.

정치는
힘이 세다

"대한민국 정치는 암흑기입니다. 정치 양극화가 세상을 망치고 있습니다."

이탄희 의원의 말대로다. 국민들은 국회의원 300명 중에 나를 대표하는 정치인이 없다고 한탄한다. 서민들은 죽어가고 있지만 정치는 국민들의 삶에 관심이 없다. 정치 실종 상태다.

잘못된 능력주의로 인한 양극화와 승자독식으로 병든 국민들의 마음을 치유하기는커녕 기득권을 대변하고 시대의 흐름에 역행하고 있다. 사회의 모범이 아니라 골칫덩어리 문제아가 된 지 오래다.

국민의 마음을 얻지 않아도, 세상을 좋게 바꾸기 위해 노력하지 않아도, 유권자들이 상대 정당만, 내 경쟁 후보만 못 찍게 만들어도 선거에서 이기기 때문이다. 세상에 이렇게 쉬운 정치가 어디 있는가? 정치인들이 사실상 세습 귀족화된 일본을 제외하면 말이다.

영웅적인 정치인 한 명이 지금의 상황을 바로잡을 순 없다. 그래서도 안 된다. 시스템 자체가 바뀌어야 한다. 현재의 시스템을 만들고 유지해온 기존 정치인들은, 이제 이 시스템을 바꿀 결단을 해야 한다. 수박 겉핥기에 그치거나 바꾸는 척만 하지 말고 실질적인 진단과 해법으로 과감하게 결단해야 할 것이다.

문제의식을 가진 새로운 사람들, 기득권이 만든 현 체제에 문제의식을 가진 정치인들이 대거 앞으로 나와야 한다. 시스템이 바뀌어야 다양성이 존중받고 국민을 위한 정치가 뿌리내릴 것이라는 말은 언제나 유효하다.

정치 한류는
불가능한가

이제 한류는 K-팝과 K-무비, K-드라마를 넘어 K-푸드(한식), K-웹툰 등으로 영역을 넓혀 나가고 있다. 그런데 K-정치, 즉 정치 한류는 요원하다. 감동도 재미도 유익함도 없기 때문이다. 콘텐츠로서도 빵점이다.

더 늦기 전에 리부트해야 한다. 새로운 캐릭터와 세계관, 스토리텔링으로 대중을 유혹해야 한다. 그래야만 정치라는 극장을 떠난 관객들이 돌아올 것이다.

사실 정치만큼 재미있는 콘텐츠도 없다. 정치인이 어떻게 하느냐에 따라 우리 삶이 실제로 바뀌기 때문이다. 메타버스가 아니라 현실에서 그렇게 되는 콘텐츠는 오직 정치뿐이다. 영화나 드라마는 현실을 직접 바꾸지 못한다.

그래서 우리는 이렇게 말한다.

"정치는 힘이 세다."

정치가 재미있는 건 현실과 연결되어 있기 때문만은 아니다. 정치와 스포츠, 영화는 공통점이 많다.

일단 내가 지지하거나 좋아하는 히어로 정치인도 있고, 그와 싸우는 빌런 정치인들도 있다.

히어로 정치인들은 현실 빌런들을 응징할 '슈퍼파워'도 갖고 있는데, 이 힘은 국민이 지지해줄수록 커진다.

정치인들은 이 힘으로 현실 빌런들을 응징해서 '사이다'를 줄 수 있다. 비리 기업인, 사기꾼, 학폭 가해자, 동네 주폭과 조폭, 부패 공무원 등등… 국회의원이나 대통령이 마음만 먹으면 못할 게 없어 보인다.

하지만 현실은 정반대다. 기껏 슈퍼파워를 줬는데도 정치인들은 미적거리기만 한다. 사이다는커녕 목이 꽉 막히는 '고구마'만 퍼먹는 느낌이다. 뭐 하나 속 시원히 해결하는 것도 없으면서 싸움은 왜 그렇게 많이 하는지 모르겠다는 지적도 많다.

그럼에도 불구하고 정치를 외면해선 안 된다. 〈슬램덩크〉의 대사처럼 "포기하면 그 순간이 바로 시합 종료"이기 때문이다.

국민이 정치를 포기하면 가장 부패하고 무능한 자들이 정치를 장악하게 된다. "포기하면 편해."라는 말은 정치에는 해당되지 않는다. 정치에는 자율주행장치가 없다. 운전대에서 손을 놓는 순간 이상한 곳으로 가버린다.

다시 말하지만 정치는 힘이 세다. 그러므로 절대로 고삐를 놓아서는 안 된다. 민주주의는 말이 아니라 호랑이 등에 올라탄 것과 같기 때문이다. 그러므로 항상 감시하고 소통해야 한다. 통제력을 잃으면 엉뚱한 곳으로 가버릴 수도 있고, 심지어 잡아먹힐 수도 있다.

새로운 시대에는 국회의원 한 사람 한 사람이 훨씬 자유롭게 법안을 발의하고 주체적으로 활동할 수 있어야 한다. 이를 위해서는 낡은 이념을 타파하고 실용의 정치를 시작해야 한다.

그렇기에 다양한 배경과 연령의 신인들이 쉽게 진입할 수 있도록 제도와 선거법, 시스템 등을 혁신해야 한다.

이것이 최소한의 조건이다. 이 정도의 변화도 없다면 현실은 바뀌지 않는다. 진짜 변화를 원한다면 사람도 바꾸고 시스템도 바꿔야 한다. 정치가가 그대로인데 어떻게 정치가 바뀐단 말인가?

"정치는 정치인이 하는 것 같지만 결국은 국민이 하는 것이다."

5장

이념정치의 시대를
끝내고 실용의 정치를
시작하자

냉전시대의 유물 따윈
박물관에 넣어두자

대한민국은 세계 유일의 분단국가다. 분단은 냉전의 산물이고 냉전은 제2차 세계대전의 부산물이다. 결국 우리는 아직도 2차대전의 그림자에서 벗어나지 못한 셈이다.

그래서 천주교 정의구현사제단은 이렇게 말했다.

"지금 우리나라의 모든 비극과 비정상은 분단이라는 원천적 결손에서 비롯한다."

2차대전이 끝난 지가 언젠데, 6.25가 끝난 지가 언젠데, 베를린 장벽이 무너진 지가 언젠데 아직도 빨갱이가 어떻고 진보가 어떻고 보수가 어떻고 하는 사람들을 보면 한숨이 나온다.

박물관에 들어가 있어야 할 냉전시대 유물을 들고 나와서 당당하게, 아니 뻔뻔스럽게 휘두르는 사람들을 보면 정신이 아득해진다. 러시아가 박물관에 있던 2차대전 무기들을 전장에 내보내고 있다는 기사를 보는 느낌이다.

차이점이 있다면 러시아가 징발한 2차대전 탱크들은 21세기 탱크들을 맞상대할 엄두가 안 나서 보병 엄호용 고정포대 정도로만 사용되고 있는데, '정치 갈라치기꾼'들이 불러낸 2차대전 이념들은 아직도 쏠쏠하게 사용되고 있다는 점이다.

이분들이 심지어 문재인 전 대통령을 빨갱이라고, 간첩이라고, 공산주의자라고 외치는 블랙코미디를 볼 때마다, 그리고 그분들이 전·현직 대학교수, 공직자, 국회의원, 검사 등의 사회지도층이라는 사실을 발견할 때마다, 나는 야수의 심정으로 이렇게 다짐하곤 한다.

이념의 정치를 끝내고 실용의 정치를 시작하자!

사실 이념정치에 미친 사람일수록 진짜 이념이 뭔지, 이데올로기가 뭔지, 진보가 뭔지, 보수가 뭔지, 좌익 우익이 뭔지 모른다. 그런 분들과 조금만 이야기해 보면 알 수 있는 사실이다.

진보와 보수의 차이도 모르는데 현실정치나 실생활의 영역에서 이념이 어떻게 적용되고 있는지 알 리 없다. 예컨대 윤석열 정부가 진짜 보수라면 작은 정부를 표방해야 한다. 안보에서도 국익을 우선시해야 하며 군복무를 회피하는 건 상상도 할 수 없는 일이다.

하지만 실제 정책이나 언행들을 보면 중구난방이다. 큰 정부를 표방하는 진보 정권도 안 할 폭력적인 시장개입도 서슴지 않는다. 그러면서도 골치 아픈 문제에 대해서는 작은 정부라며 은근슬쩍 발을 뺀다.

보수답게 국익을 우선시한다. 문제는 그게 일본 국익이라는 점이다. 한국 정부가 왜 후쿠시마 오염수가 안전하다고 주장하는지 도무지 이해할 수가 없다. 국민의 안전을 최우선으로 생각하는 보수라면 일본에 강력 항의해야 하는 것 아닌가? 내가 독도에 가는 것도 왜 싫어하는지 모르겠다. 국토 수호는 보수의 핵심 가치인데도 말이다.

중국에 감금되어 있는 손준호 선수 문제도 그렇다. 영사조력을 제공하고 있다는 말만 되풀이할 뿐, 사실상 손을 놓고 있다. 만약 민주당 정권에서 이런 일이 일어났다면 자칭 보수 언론들이 얼마나 정의감에 불타서 기사를 써댔을지 안 봐도 눈에 선하다.

도대체 언제 적
빨갱이란 말인가?

　실용정치를 표방하는 나는 도대체 그분들이 왜 그렇게 이념정치에 집착하는지 알고 싶었다. 그러나 그들에게 얻을 수 있는 이념적 가치는 없었다.

　그분들은 그냥 상대방을 낙인찍고 싶을 뿐이라는 생각이 들 정도다. "너는 빨갱이다! 그러니까 네가 하는 말은 전부 빨갱이 소리다!"라는 말이 하고 싶은 것뿐이 아닐까. 건설적인 비판이 아니라 막무가내식 비난을 퍼붓고 싶은 거였고, 토론을 통해 합의를 도출하려는 게 아니라 내가 시키는 대로 하라고 윽박지르고 싶은 것뿐이었다.

　이런 행위들은 두려움에서 나온다고 본다. 합리적인 토론으로 상대방을 설득시킬 수 없을 거라는 두려움, 상대방에게 말로든 세력으로든 명분으로든 밀리면 죽는다는 두려움, 그런 두려움 때문에 가장 쉬운 방법을 택하는 것이다.

　"너는 좌익이다! 간첩이다! 빨갱이다!"라고 일단 낙인을 찍으면 논쟁에서 우위에 설 수 있다. 상대방이 아니라고 항변하는 순간이 바로 그들이 노리는 것이다. 누구 말이 맞느냐가 아니라 빨갱이냐 아니냐라는 프레임으로 바꿔어 버린다.

개인 대 개인이라면 그나마 괜찮다. 온라인 커뮤니티나 술자리에서 그러는 것까지 막을 순 없다고 본다.

하지만 국회의원들이 그러면 안 된다. 공직자들도 그러면 안 된다. 그런 생각을 갖고 있더라도 자랑스럽게 떠드는 건 곤란하다. 그런 언행 하나하나가 대한민국의 국격을 떨어뜨리고 정치발전을 가로막기 때문이다.

이념정치라는 돌도끼를 휘두르지 말아야 한다. 그 녹슨 방패 뒤에 숨지도 말아야 한다. 그러면 올바른 방향으로 나아가기 힘들다. 그런 사람들은 이념을 수호하는 전사가 아니라 시대착오적인 원시인이 될 뿐이고, 비열한 협잡꾼일 될 뿐이다. 박물관에 잠들어 있다가 끌려나온 러시아 무기들이 21세기 첨단무기에 터져나가듯이, 새로운 시대, 새로운 정치에 파괴되어야 할 구시대의 유물일 뿐이다.

지금 당장 이분법적인 이념정치를 버리자. 자유로워지자. 망설일 이유도, 미룰 필요도 없다. 부처의 말씀대로 이념이 우리를 붙잡고 있는 게 아니라 우리가 이념을 붙잡고 있는 것이다.

"옳고 그르다는 주장을 할 수는 있지만 절대로 옳은 것은 없습니다. 있다고 한들 우리 인류 전체가 합의한 것뿐이지, 실제로 옳고 그른 게 있는 것이 아닙니다. 그러니 죽지 말고 삽시다. 옳고 그르다는 잣대는 힘 있는 사람들이 우리를 저항하지 못하게 하려고 써먹는 제일의 무기입니다."

고인이 되신 채현국 선생님이 하신 말씀이다.

편가르기와
내로남불

이념이라는 무기는 강력하다. 유독 우리나라에서 그런 듯하다. 이러다 보니 서로 다른 생각을, 서로 다른 이념을 가진 사람은 반복과 갈등이 심하다. 서로를 불신할 수밖에 없다. 자신의 이념에 따라 현실을 완전히 다르게 보기 때문이다. 이념에 사로잡혀 색안경을 낀 상태에서는 서로가 서로를 내로남불(내가 하면 로맨스 남이 하면 불륜)이라고 비난할 수밖에 없다.

내로남불이 만연한 세상에는 객관성 따위는 중요하지 않다. 합리성과 토론은 사라지고 세력이 큰 놈, 목소리 큰 놈이 이긴다.

마치 식당이나 관공서 등에서 진상들이 행패를 부려서 원하는 걸 얻어내는 것처럼 말이다. 오히려 그걸 현명한 거라고, 호구당하지 않는 자랑스러운 행동이라고 박수를 쳐주기까지 한다. 일상에서는 진상이나 주폭이 사라지고 있는데 정치에서는 오히려 심해지고 있다.

객관성이 사라지면 남는 것은 투쟁뿐이다. 타협은 불가능하다.

이념이 자신의 편에게는 면죄부가, 상대방에게는 마녀 인증서가 되기 때문이다. 우리 편은 다 옳고 상대방은 다 틀린데 어떻게 타협이 가능하단 말인가? 협상과 양보가 가당키나 한 말인가?

"세상에 이렇게 쉬운 정치가 없습니다. 남의 말에 조롱하고 반문하고 모욕주면 끝입니다. (중략) 반사이익 구조니까요. 그래서 대한민국 정치에는 일 잘하기 경쟁이 없습니다. 대안 경쟁이 없습니다. 문제를 방치합니다. (중략) 그래도 선거 이기는 데 지장 없으니까요."

이탄희 의원이 한 말이다.
우리나라의 정치 현실과 이념정치의 폐해를 잘 보여주는 명문(名文)이라고 생각한다.

솔직히 우리 더불어민주당도 100% 당당하진 못하다. 여러 논란이 있을 때마다 '팔은 안으로 굽는다'는 식의 모습을 보인 때가 적지 않았다.
이제는 달라져야 한다. 대개혁을 준비해야 한다.

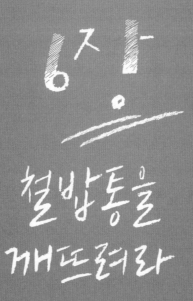

6장.

철밥통을
깨뜨려라

철밥통을 깨뜨려야
나라가 산다

우리나라에는 철밥통이 많다. 자신이 가진 돈과 지위, 권력을 절대로 내려놓지 않으려 하고, 가진 것을 지키기만 하려는 사람들을 철밥통이라 부른다. 능력주의에 따른 불공평하고 과도한 보상과, 그 보상을 지키려는 집단 이기주의가 결합해서 단단한 철밥통이 되는 것이다.

모두가 자신의 철밥통을 지키려고 애쓰는 사회는 행복할 수 없다. 연대와 공존이 사라지고 편법이 횡행할 가능성이 높기 때문이다. 사실 지금의 대한민국의 모습이기도 하다.

물론 모두가 철밥통은 아니다. 같은 직업, 직종, 직군 안에도 철밥통과 대나무 밥통(?)이 뒤섞여 있다. 철밥통을 가지고 있더라도 이타심을 가지고 베풀고 나눌 줄 아는 분들, 묵묵히 맡은 바 책임을 다하는 분들이 더 많다.

어쨌든 사회에 철밥통이 많아지면 사회적 불신과 양극화, 허무주의가 심해진다. 전 세계 어느 나라보다 능력주의를 신봉하는 우리나라에는 실제로 일어나고 있는 일이기도 하다.

따라서 철밥통은 파괴되거나 제어되어야 한다. 그것이 건강한 공동체의 필수 조건이다. 무엇이 철밥통이고 어떻게 규제해야 할지는 사회적 합의가 필요하다. 개인의 일탈이 아니라 구조적인 혁신의 차원에서 풀어야 할 문제이기도 하다.

철밥통은 반드시 깨져야 하고 깨어질 것이라는 믿음이 확고히 자리잡아야 한다. 재벌도, 법조인도, 의사도, 공무원도 예외가 없어야 한다. 그래야 공정하고 평등한 사회, 공평한 사회를 만들 수 있다.

열 번 두드려 안 깨지는 철밥통은 없다. 깨어 있는 시민들이 단결한다면 1인 1표의 위력으로 철밥통을 깨어버릴 수 있다. 깨뜨리진 못해도 최소한 구멍을 낼 수는 있을 것이다.

임명직 공무원들도 마찬가지다. 한 명이 징계받으면 백 명이 조심하고, 열 명이 고발당하면 천 명이 두려워하게 된다. 그래야만 일부 공무원들과 경찰, 검찰, 군대의 무사안일한 업무 처리로 인한 폐해가 줄어들 것이다. 공무원이나 군 간부 개개인을 징계하는 것보다 올바르고 공정한 시스템을 구축하는 데 중점을 둬야 한다.

학생을 구타하던 교사들도, 후임을 구타하던 선임들도 더는 그렇게 못한다. 휴대폰으로 언제든지 촬영·녹음할 수 있게 되었기 때문이다.

철밥통을 깨야 나라가 산다.

서울이라는
거대한 철밥통

박정희 전 대통령과 노무현 전 대통령은 행정수도 이전을 계획했다는 공통점이 있다. 두 분 다 적극적으로 추진했다는 점도 같고, 실패했다는 점도 똑같다.

그 결과와 후유증에 대해서는 충분히 이야기했으니, 이번에는 나름의 국토균형발전 방안에 대해 이야기해 보려고 한다.

서울은 모든 것이 모여있는 도시다. 그래서 서울은 모든 것이 많아서 문제이고, 지방은 모든 것이 없어서 문제다. 과밀화를 해소하기 위해 이런저런 방안을 마련하고 시행해 보았으나 수도권 과밀화는 더욱 심해지기만 했다.

이미 인구의 절반 이상이 수도권에 살고 있으며, 수도권의 범주 자체가 확장되고 있다. '수도권으로 인구 유입 ⇨ 수도권 일자리 확대 ⇨ 수도권 인프라 확장' 순서로 수도권은 더욱 커져만 가고 있다. 인구가 유입되자 산업이 활성화되고, 그 결과 일자리가 늘어난 것이다. 수도권만 놓고 보면 바람직한 선순환 구조다.

하지만 지방은 반대다. 지방에 소재한 기업은 갈수록 사람 구하기가 힘들어지고 있다. 수도권은 인구 과잉으로 일자리를 구하기 힘들 정도인데 말이다.

수도권은 블랙홀이다. 대한민국의 모든 자원과 사람, 기업을 빨아들이고 있으니까. 지방을 살리고 수도권과의 교류를 활성화하려고 교통 인프라를 확충시켰더니 오히려 지방이 더 빠르게 공동화되고 있다. 수도권에 있는 더 큰 병원, 더 좋은 학교, 더 세련된 시설에 대한 접근성이 향상되었기 때문이다.

그 결과 수도권의 인구 과밀이 더욱 심해졌다. 사람이 너무 많다 보니 출생률이 지방보다 오히려 더 낮다. 인구과밀 때문이다. 쥐들도 밀집해서 키우면 새끼를 낳지 않는 법이다.

그렇다면 어떻게 해야 할까? 수도권의 힘을 분산시키려는 기존의 노력들은 별다른 효과가 없다는 것이 증명되었다. 수도권 소재 기업이 지방으로 이전하면 법인세를 깎아 준다고 한들, 기업은 그 법인세 혜택 때문에 지방으로 이전하지 않는다. 수도권에 계속 있는 것이 기업에 더 큰 이익이 되기 때문이다.

그렇다면 방법은 공공기관이 이전하는 수밖에 없다. 어떻게 해서든 수도권 과밀화를 해소해야 한다면 공공기관 이전이라도 해야 한다. 굳이 수도권에 있어야 할 필요가 없는 공공기관은 과감히 이전하여 양질의 일자리를 지방으로 보내야 한다.

현재 세종으로 이전하지 않고 서울에 남아있는 5개 부처, 즉 국방부, 법무부, 외교부, 통일부, 여가부는 장기적으로 세종으로 가야 한다. 부처 간에 협업할 일이 갈수록 많아지고, 여러 부처에 걸친 문제들이 동시다발적으로 만들어지는 시대이다. 복잡한 문제일수록 책임져야 할 사람도 많아졌다. 부처가 한 도시에 모여있어도 시원치 않을 판에 서울과 세종으로 나뉘어 있다. 이에 따른 비효율은 천문학적이다. 정부 부처 전면 이전과 함께 국회도 조속히 이전해야 한다.

　　사법부 이전도 고려해야 한다. 현재 헌법재판소와 대법원은 서울에 위치한다. 아마 서울이 수도이기도 하고 교통도 가장 편리했기 때문에 그럴 것이다.

　　그러나 서울은 지나치게 북쪽에 있다. 북한의 위협을 고려하면 지리적으로 중간인 충청권에 위치하는 것이 국민에게 더 이롭다. 충청권에 행정기관이 위치하면 우리 국민은 어느 지역에 있든 두 시간 내로 도착할 수 있다. 헌법재판소와 최고 법원 이전은 수많은 로펌 이전이라는 부수적인 효과를 창출할 것이다. 핵심 공기업도 이전해야 한다. 굳이 서울에 있어야 할 이유가 없는 기관이라면 지방에 있어도 경쟁력을 발휘할 수 있다.

　　사실상 불가능에 가깝다는 것을 잘 안다. 하지만 지방분권이 실현되지 않고 지금처럼 서울에 모든 것이 집중된다면, 우리가 가진 수많은 문제들은 더욱 곪아 터질 수밖에 없다. 국가소멸까지 걱정하게 만드는 저출생 문제가 대표적이다. 이 문제는 온 국민이 뜻을 모아 결단해야 할 일이다.

　　지금처럼 인구비례로 지방교부금을 나눠주는 건 가난한 어부에게 죽지 않을 만큼의 고기를 던져주는 것과 같다. 고기를 잡는 법을 가르쳐주고 배와 어장까지 제공해야 한다. 서울이라는 철밥통을 깨야 대한민국이 살 수 있다.

지방이 죽으면 대한민국이 죽는다.
그리고 지방은 확실히 죽어가고 있다.
10년도 지나기 전에 모두가 뼈저리게 느끼게 될 것이다.

다만 너무 늦지 않기를 바랄 뿐이다.

대한민국은 지속 가능한가?

우리 모두 어깨동무

삿대질 대신 어깨동무가 필요하다. 비난과 비하 대신 연대와 공감이 필요하다. 어깨동무를 하고 연대해야 한다. 니 편 내 편이 아니라 우리편이 되어야 한다. 따뜻한 개인주의가 필요하다. 서로에게 오지랖 부리지 않되, 필요한 부분은 적극적으로 도와주는 〈인간의 얼굴을 한 사회〉가 되어야 한다.

이렇게 해야 진짜 적과 싸울 수 있다. 우리끼리 분열하지 않고 진정으로 필요한 일을 할 수 있다. 철밥통을 깨뜨리고 모두가 행복한 사회를 만들어갈 수 있다.

어깨동무에는 성별도 학벌도 빈부도 종교도 필요없다. 다 달라도 된다. 팔만 있으면 된다.

모두가 어깨를 걸고 나란히 서면 벽이 된다. 나쁜 것을 막아주는 철옹성이 된다. 모두가 손을 잡고 서면 긴 줄이 된다. 모두를 연결하는 선이 된다.

차이를 인정하되 공동의 목표를 세우고, 그것을 해결하기 위해 연대해야 한다.

딱 세 가지 목표만 세우자. 모든 차별과 차이를 지우고 우선 거기에만 집중하자. 모두 이룬 다음 다른 세 가지 목표를 정하자. 그리고 모두 함께 힘을 합쳐 이뤄 나가자.

그렇게 하면 생각보다 빠르게 세상을 바꿀 수 있다.

골든타임이 얼마 남지 않았다.

2022년 2월, 고용노동부는 고령화로 인해 2030년까지 15~64세 생산가능인구가 320만 명 감소한다고 발표했다. 청년층 비율이 14.7%로 줄고 장년층 이상이 55%로 증가하는 것이다. 출생률이 0.8 이하로 떨어진 2023년 중반을 기준으로 하면 더 심각해질 것이다.

그러면 젊은 세대의 존재감과 목소리는 더 줄어들 것이다. 시간은 청년의 편이 아니다. 청년의 숫자가 점점 줄어들고 목소리도 줄어들 것이다. 정치권은 청년층에 더 무관심해질 것이다. 겉으로는 청년을 위한다고 하겠지만 중요한 고비에는 노년층 위주 정책을 펼칠 것이다. 일본이 그랬고, 지금도 그렇게 하듯이 말이다. 그게 표가 되기 때문이다.

더 이상 "해 줘!"라고 하지 말자. 청년들 스스로가 쟁취하고 만들어야 한다. 그러지 못하면 미숙한 존재라는 걸 자인하는 셈이다. 권위나 충고는 꼰대라고 거부하고 욕하면서, 원하는 게 있을 때만 매달리는 셈이기 때문이다.

청년 스스로 쟁취해야 한다. 자신을 '보수'라고 생각하는 청년들은 기성 정치인들을 욕하고 조롱한다. 그러나 그 기성 정치인들이 지금보다 훨씬 가혹한 환경에서 목숨 걸고 자신들의 세상을 만들었을지도 모른다는 사실은 쉽게 간과한다. 그들이 실패했다면 대한민국의 현재는 지금보다 훨씬 못했을 것이다. 정치, 사회, 경제 모든 면에서 말이다.

이제는 세대교체를 할 때가 되었다. 아름다운 퇴장이든, 세대투표나 가두투쟁을 통한 교체든, 청년들이 정치의 중심이 되어야 한다는 사실은 변함이 없다.

청년들 모두가 정치에 참여할 필요는 없다. 투표를 통해 청년 정치인에게 힘을 실어주면 족하다. 그 자체로 훌륭한 정치활동이다.

역사적으로 기성세대가 알아서 해준 경우는 없다. "민주주의는 피를 먹고 자란다."라는 말은 비유나 상징이 아니라 역사적 사실이다.

다행히 우리는 피를 흘리지 않고 세상을 바꾸는 법을 안다. 이미 투표와 촛불집회로 세상을 바꾼 경험도 있다.

청년인구의 비중이 30% 이상인 지금이 골든타임이다. 나중은 늦다. 지금 해야 한다.

판을 뒤집자. 세상을 뒤집자.
그래야 청년이 살고,
청년이 살아야 나라가 산다.